ANDREA GHISOTTI

ROTES MEER

335 Abbildungen

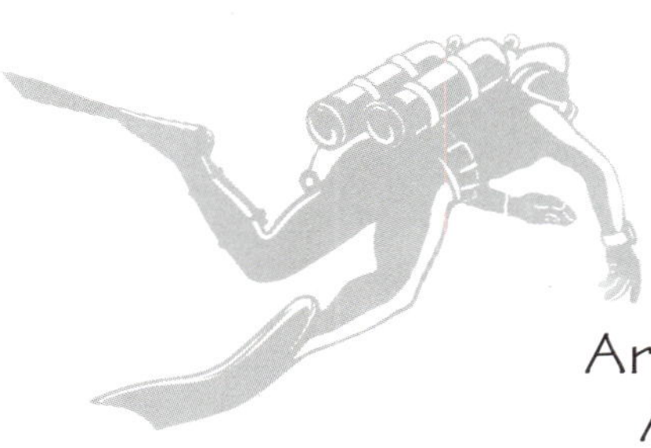

Alle in diesem Buch
abgebildeten
Arten des Meeres wurden vom
Autor in ihrem natürlichen
Umfeld fotografiert

BONECHI

INHALT

LEGENDE

Die wissenschaftliche Nomenklatur unterscheidet sich graphisch auf folgende Weise:

STAMM ODER PHYLUM
Klasse
Unterklasse
ORDNUNG
Familie

Druck in Italien: Centro Stampa Editoriale Bonechi.
Text: Andrea Ghisotti
Übersetzung: Andreas Hein
Wissenschaftliche Durchsicht des Textes und Mitarbeit bei der Niederschrift: Dott. Sabina Airoldi
Landkarten: Studio Grafico Bellandi & Mariani, Pistoia
Fotos von Andrea Ghisotti.
S. 124: mit freundlicher Genehmigung der Coral World Eilat
S. 125: Aus dem Archiv der Casa Editrice Bonechi

ISBN 978-88-476-1420-8

Einführung

Das Rote Meer ist sozusagen unser tropisches Hausmeer, dank zahlreicher Fluggesellschaften von allen wichtigen europäischen Städten aus in wenigen Stunden zu erreichen. Die politische Stabilität der Staaten an den nördlichen Ufern dieses Meeres hat zu einer beträchtlichen Entwicklung der Küstenorte beigetragen und die beiden Dörfer Sharm el Sheik und Hurghada sind inzwischen so weit ausgebaut, daß sie internationale

Vergleiche nicht zu scheuen brauchen: der Tourist kann alles finden, was er sich für einen erholsamen und angenehmen Ferienaufenthalt wünschen mag. Das Meer hat natürlich am meisten zu bieten, warmes, sauberes Wasser und eine Explosion von Leben und Farben von den ersten

Metern an. Schon Taucherbrille, Schnorchel und Flossen genügen, um ohne Umschweife die Überfülle des Unterwasserlebens zu erleben. Außerdem kann man, auch an Ort und Stelle, in wenigen Tagen einen Tauchschein erwerben und damit

Zugang zu größeren Tiefen finden. Der ungeheure Reichtum an Lebewesen steigert natürlich die Neugierde nach einer besseren Erkundung dieses Garten Eden

unter der Wasseroberfläche und seiner seltsamen Bewohner, seien es nun Fische, Krebse, Schildkröten, Muscheln oder Delphine. Dieses Buch soll für den Liebhaber der Unterwasserwelt des Roten Meeres ein praktischer Leitfaden sein, damit er mit Leichtigkeit die wichtigsten Arten bestimmen kann. Eine jede der hier behandelten Arten ist ausschließlich mit

Unterwasseraufnahmen vor Ort reproduziert. Der einfache, aber wissenschaftlich einwandfreie Begleittext beschreibt die Besonderheiten jeder Klasse, ohne auf die lateinische Bezeichnung zu verzichten. Man mag sich an den manchmal komplizierten lateinischen Ausdrücken stören, aber sie sind die einzigen für die Wissenschaft gültigen Namen.

MITTELMEER
Port Said
Suezkanal
Ismailia
KAIRO
Suez
Nil
TOTES MEER
ISRAEL
JORDANIEN
Sinai
Eilat
Tabah
Aqaba
KORALLENINSEL
Nuweiba
Golf von Aqaba
Golf von Suez
Hl. Katharinen-Kloster
Dahab
SAUDI-ARABIEN
ÄGYPTEN
El Tur
Na'ama Bay
Sharm el-Sheikh
INSEL GUBAL
SHA'AB ABU NUHÂS
INSEL TIRAN
INSEL SANAFIR
INSEL TAWILA
INSEL SCHADWAN
Hurghada
INSEL GIFTUN
ROTES MEER
N
0
50
100
150
200 km
ISRAEL
JORDANIEN
IRAQ
Euphrat
Eilat
Aqaba
Sharm el-Sheikh
Riffe von Tiran
Ras Mohammad
Hurghada
Nil
SAUDI-ARABIEN
Al Quseir
ÄGYPTEN
Port Berenice
ROTES MEER
Nasser-Stausee
Dschidda
Port Sudan
SUDAN
Nil
DAHALK-INSELN
Massaua
JEMEN
ERYTHRÄA
Al Hudaydah
Blauer Nil
ÄTHIOPIEN
Bab al-Mandab
0
200
400
600 km
100
300
500
Tana-See
DSCHIBUTI

DAS ROTE MEER

Dieses Meer verbindet wie ein "Schlauch" das Mittelmeer mit dem Indischen Ozean, es ist 2350 km lang und erreicht auf der Höhe von Eritrea die größte Breite mit 350 km. Vom geologischen Standpunkt aus erstreckt es sich in einer der "heißen" Gegenden unseres Planeten, nämlich längs der Verwerfung, die von den großen Seen im östlichen Zentralafrika bis zum Golf von Aqaba und zum Jordangraben führt. Trotz seiner geringen Breite erreicht das Rote Meer deshalb in seiner Mitte die ungeheure Tiefe von 2650 m und bereits in unmittelbarer Nähe der Riffs kann es auf 600-800 m abfallen. Also schwimmen die Taucher, die das Riff überwinden, oftmals auf einer gewaltigen Wassersäule. Ganz im Norden, im Golf von Suez, ist das Wasser dagegen nicht mehr als 60 m tief und im Süden, an der Meerenge von Bab al Mandab, nicht mehr als 100 m. Das Rote Meer kann also als ein geschlossenes Meer gelten, obwohl seine Fauna, die immerhin zu zwanzig Prozent aus autochthonen Arten besteht, dem Indischen Ozean zugerechnet wird. Auch wenn die Fauna im gesamten Roten Meer so ziemlich die gleiche ist, ändert sich jedoch der Meeresgrund sehr stark. Der **Golf von Aqaba** ist sehr tief, fällt bis zu 1600 m ab, aber seine Küsten sind meist sandig, mit geringer Formation von Korallenriffs (Madrepora) im Norden, die aber nach Süden hin allmählich zunehmen. Die Südspitze der **Sinaihalbinsel** dagegen gilt als eines der besten Tauchgebiete des gesamten Roten Meeres und der Ort **Ras Mohammed** zählt zu den zehn schönsten Taucherparadiesen der Welt. Nicht weit davon liegt **Sharm-el-Sheikh**, ein kleines Fischerdorf, das heute mit modernster Ausstattung überwiegend dem Tourismus dient und ständig ausgebaut wird, weil Taucher aus aller Welt, aber vor allem aus Europa, hier zusammenströmen. Jeden Tag lassen sich hunderte von Tauchern in die Meerestiefe hinab, so daß es notwendig wurde, bestimmte Regeln aufzustellen, um das empfindliche Ecosystem des Meeres nicht zu zerstören, wie z.B. das Schutzgebiet um Ras Mohammed. Auch **Hurghada**, an der ägyptischen Küste des Roten Meeres, hat eine stürmische touristische Entwicklung hinter sich. Dennoch blieben die einmalig schönen Tauchgründe erhalten und wir wollen hoffen, daß sie auch in Zukunft keine größeren Schäden erleiden. Weiter südlich beginnt das eigentliche Abenteuer, ohne Hotels, Restaurants, ausgerüstete Taucherplätze oder Geschäfte mit Zubehör. Die Küsten sind menschenleer, mit seltenen kleine Ansiedlungen, die oftmals als militärisches Sperrgebiet gelten, so daß man nicht auf den Uferstraßen entlangfahren kann und auch nicht

Dahlak-Inseln, Schwimmer im türkisgrünen Wasser von Mojeidi, der östlichsten dieser Inselgruppe

Die schöne Lagune an der Südseite der Insel Zabargad

vom Meer aus landen darf. Nur einige wohl ausgerüstete Charterboote wagen sich in diese Gewässer vor, die natürlich ihren ursprünglichen Zustand viel besser bewahrt haben. Etwas weiter draußen liegen die **Brother Islands** und südlich **Dedalus Reef**, beides wahre Taucherparadiese. Mehr in Küstennähe erhebt sich das mythenumwobene Inselchen **Zabargad**, das antike *Topazos* mit seinen uralten Olivinminen, die seit der 18. altägyptischen Dynastie in Betrieb waren. Hier steigt vom Meeresgrund eine ganz besondere Formation auf, steile Klippen aus Madrepora oder Steinkorallen, die sich wie Türme bis zur Wasseroberfläche erheben. Dies ist das Reich der Feuerkoralle und der Lederkorallen, üppig wie an wenigen anderen Plätzen. Jenseits der Grenze mit dem Sudan kommt man in ein Gebiet, das in den Achtziger Jahren eine gewisse Entwicklung im Tauchertourismus erreicht hatte, weil im Hafen von **Port Sudan** eine kleine Flotte von italienischen Charterboten aktiv war. Heute ist der Fremdenverkehr wegen der ungewissen politischen Lage stark zurückgegangen, auch in Ermangelung von sicheren Flugverbindungen. Das ist natürlich sehr bedauerlich, denn die sudanesischen Gewässer sind die schönsten und ursprünglichsten im gesamten Roten Meer. Jede Reise in den Sudan wird zu einem Abenteuer, bei jedem Ausflug unter Wasser kann man Haifische oder oder andere gewaltige Meeresbewohner treffen. Weiter südlich vor Eritrea liegen die **Dahlak-Inseln**, hunderte von kleinen Inseln, die vor allem für die ältere Generation der italienischen Taucher große Bedeutung haben, denn sie waren im Jahr 1953 das Ziel der ersten italienischen Unterwasserexpedition an Bord des Motorschiffes Formica. An der Expedition beteiligten sich Persönlichkeiten wie Quilici, Vailati, Roghi, Bucher und viele andere, die inzwischen als legendenumwobene Pioniere gelten. Allerdings entwicken sich hier keine sehr ausgedehnten Madrepora und ihre Abstürze enden bald im Sand, noch dazu verschleiert eine starke Planktonbildung die Sicht. Dafür wimmelt es jedoch von Lebewesen und an Gelegenheiten für aufregende Begegnungen herrscht kein Mangel.

Am Ende des Roten Meeres kommt man an die turbolente Meerenge von **Bab al Mandab** mit der kleinen Inselgruppe **"Sieben Brüder"**, umspült von Meeresströmungen und Gezeiten. Auch hier fehlt es nicht an reichem Fischvorkommen, aber die Sicht unter Wasser läßt zu wünschen übrig, ebenso wie die touristische Versorgung. Die gesamte Ostküste ist "off-limits", darf also nicht besucht werden, was besonders schmerzt, wenn man an den nörlicheren und mittleren Teil der Küste Saudiarabiens denkt, die vielleicht alles andere im Roten Meer an Schönheit übertrifft. Uns bleibt nichts anderes übrig, als diese Gebiete als ein Naturreservat für die Taucher von morgen anzusehen.

DAS KORALLENRIFF

Weit verbreitet ist die Ansicht, daß die tropischen Meere vor Leben nur so überschäumen, während in Wirklichkeit diese warmen und kristallklaren Gewässer arm an nahrhaften Substanzen sind und daher wenig Fische und andere Lebewesen enthalten. Das Korallenriff dagegen ist überreich bevölkert von Tieren und Pflanzen aller Art, die miteinander wetteifern, um ihren lebensnotwendigen Platz zu behaupten. Wenn man einen Vergleich mit der Welt an der Oberfläche anstellen will, so ist jedes Korallenriff eine Oase in einer ungeheuren Wüste. Das Geheimnis für die Üppigkeit dieses Lebensraumes liegt in dem Stoffwechsel der Madrepora, die den Korallenbau möglich machen. Es handelt sich um festsitzende Hohltiere, die im allgemeinen in Kolonien siedeln. Sie sind in der Lage, aus dem Kalk des Wassers Karbonat zu gewinnen, mit dem sie ihre Skelette aufbauen. Über diese schichten sich im Verlauf von einigen Millionen Jahren immer weitere Kalkablagerungen, bis schließlich die großen Korallenriffs entstehen. Eine einzelne Kolonie kann ein Ausmaß erreichen, das ein ganzes Wohnzimmer ausfüllen würde, mit einem Gewicht von mehreren Tonnen.

Was uns am meisten in Bann schlägt, ist der Formenreichtum dieser Korallen, sie können Kugeln, Säulen, Fächern oder Ästen ähneln. Die äußere Form derselben Art entwickelt sich zart oder kräftig, je nachdem ob sie in ruhigem oder strömungsreichem Wasser wächst. Auch die Farbpalette präsentiert sich abwechslungsreich, von gelb bis rosa, von grün bis violett, von braun bis blau. Solange die Madrepora lebt, bleibt sie lebhaft gefärbt, nach dem Tod stirbt auch das Oberflächengewebe ab und es bleibt nur das weiße Kalkskelett übrig, übersät mit kleinen Höhlungen, in denen die winzigen Polypen saßen. Ein jeder von diesen Polypen hat die Gestalt eines zusammenziehbaren Säckchens, mit einem Kranz von Tentakeln rings um die zur Nahrungsaufnahme dienenden Öffnung. Die Tentakeln sind mit Nesselzellen besetzt, die einen pfeilartigen Faden und ein Toxin ausstoßen, mit denen sie die mikroskopisch kleinen Gliederfüßer betäuben, die ihr Hauptnahrungsmittel bilden. Die meisten Korallen fangen ihre Beute nachts, tagsüber ziehen sich die kleinen Polypen in ihre Höhlungen zurück. Eine wichtige Eigenheit der Steinkorallen ist ihre Fähigkeit, im Inneren ihres Gewebes Einzelleralgen aufzunehmen. Man weiß noch nicht genau, wie diese Symbiose vonstatten geht, doch mit Sicherheit begünstigen die Algen die Karbonatablagerung am Skelett der Madrepora. Gleichzeitig absorbieren sie die Ausschußprodukte der Polypen und produzieren andere Substanzen, die für die Kolonie föderlich sind und Sauerstoff in größerer Menge, als verbraucht werden kann. Der Beweis für die Nützlichkeit dieser kleinen Lebewesen liegt darin, daß die Madrepora ohne Algen Kolonien von wesentlich geringeren Ausmaßen bilden. Zur Entstehung der Korallenriffs tragen auch andere kalkabscheidende Organismen wie die "Feuerkorallen" und verschiedene Arten von "Kalk-Algen" bei, deren bindende Substanzen für den Korallenbau von entscheidender Bedeutung sind. Die großen Korallenriffs entstehen meist in geringen Wassertiefen, die sehr selten 100 m erreichen, denn sonst könnten die in ihnen enthaltenen Algen nicht das notwendige Licht für die Fotosynthese des Chlorophylls auffangen. Die Madrepora brauchen außerdem warmes Wasser zwischen 20 und 35° und ertragen keinen niedrigen Salzgehalt oder starke Wassertrübung.

Ein Detail des Korallenriffs

GEFÄHRLICHE

a

b

c

d

Wenn es um die Gefährlichkeit der tropischen Meere geht, denkt jedermann sofort an die **Haie** (a), als ob diese Tiere nur auf Touristen warteten, um ihren unersättlichen Appetit zu stillen. Natürlich gibt es Haie und an bestimmten Stellen sind sie sogar ziemlich zahlreich, aber keineswegs haben sie den satanischen Charakter, der ihnen so gerne angedichtet wird. Das wissen beispielsweise die Fotografen, die oftmals bei der Annäherung große Anstrengungen unternehmen müssen, damit die Haie nicht sofort das Weite suchen. Die wirklich gefährlichen Arten sind sehr selten, nur ausnahmsweise bekommt man sie zu Gesicht und auch in diesem Falle ist ein Angriff höchst unwahrscheinlich. Dennoch darf man nicht vergessen, daß die Haie angriffsstarke Raubfische sind, die an der Spitze der Ernährungskette stehen. Daher sollte man bestimmte Vorsichtsmaßregeln einhalten: nicht an der Wasseroberfläche schwimmen und dabei mit Armen und Beinen um sich schlagen wie ein verwundeter Fisch; nicht in Hafenbecken und trüben Gewässern baden; nicht mit der Harpune jagen, denn die Vibration und Blut locken und erregen die Haie; nicht nächtliche Tauchgänge an Stellen versuchen, wo normalerweise Haie stehen; nicht die Haie mit Ködern anlocken. Sollte es doch einmal zu einer Begegnung kommen, so darf man keinesfalls fliehen, sondern muß sich ohne Anzeichen von Aufregung dem Hai zuwenden und ihn "aushalten". Auch andere Fische von erschreckendem Äußeren sind in Wirklichkeit friedlich, wenn man sie nicht stört oder verletzt, wie beispielsweise die **Muränen** (d), die zwar eine gewaltige Größe erreichen können, aber die Menschennähe scheuen. Die **Barrakudas** (b), die sich manchmal zu hunderten versammeln, wirken mit ihren grausigen Zähnen sehr agressiv und schwimmen auch in die Nähe der Taucher, ohne sie allerdings anzugreifen. Einen kräftigen Biß darf man sich dagegen von den **Drückerfischen** (f) erwarten, insbesondere vom Riesendrücker *Balistoides viridescens*, wenn er seine in einem großen kreisförmigen Nest gelegten Eier behütet. Kommt man zu sehr in die Nähe, so greift er furchtlos und ohne zu zögern an, dann bleibt nichts anderes als die Flucht! Doch die wirkliche Gefahren der tropischen Meere sind nicht so sehr bissige Fische, sondern giftige Stacheln und nesselnde Lebewesen. Größte Gefahr geht von den **Skorpionsfischen** (Familie *Scorpaenidae*) aus, die mit giftigen Stacheln an den Rücken- und Bauchflossen und am Schwanzansatz versehen sind. Einige von ihnen, wie die *Pterois* (e), zeichnen sich durch auffällige Färbung aus und "warnen" damit eventuelle Störenfriede. Andere, wie der gefürchtete **Steinfisch** (h) (*Synanceia verrucosa*) und große **Skorpionfische** wie *Scorpaenopsis barbatus* und *Scorpaenopsis diabolus* (falscher Steinfisch) liegen, praktisch von der Umgebung nicht unterscheidbar, auf dem Meeresgrund und warten regungslos auf Beute. Wenn man auf sie tritt oder sie mit der Hand berührt, können sie zustechen und ein schreckliches Gift einspritzen, das erst unerträgliche Schmerzen und örtliche Schwellungen, dann heftige Schweißausbrüche, Atemprobleme, Herzklopfen und zum Teil akute Fieberanfälle, manchmal auch teilweise Lähmung bewirken kann. Der Schmerz dauert in gewissen Fällen tagelang und manchmal ist der giftige Stich tödlich. Das Gift der Skorpionfische gehört zu den hitzeunbeständigen Neurotoxinen, man muß daher den verletzten Köperteil in möglichst heißes Wasser tauchen und verdünntes Kaliumpermanganat auftragen, um die Wirkung des Giftes zu lindern. Außerdem braucht es anregende Herzmittel, Andrenalin und Kortison. Ein weiterer Fisch, der sich teilweise im Sand des Meeresgrundes versteckt hält, ist der **Blaupunktrochen** (c) (*Taeniura lymma*), der auf seinem peitschenförmigen Schwanz einen Stachel mit Giftdrüse trägt. Selten benutzt der Fisch diese Waffe, nur wenn er getreten oder gestört wird, aber die Wunde schmerzt stark, kann sich leicht entzünden und feuchten Brand an dem Gliedmaße

e

f

g

h

o

i

l

m

n

auslösen. Von ähnlicher Form ist der **Marmelzitterrochen** (g) (Familie *Torpedinoidea*), der sich aber tief in den Sand eingräbt. Er besitzt keinen Giftstachel, kann aber unangenehme elektrische Schläge austeilen, wenn man ihm zu nahe kommt. Ein Stich, der in seltenen Fällen sogar zum Tode führt, kann auch von einigen kegelförmigen Schnecken verursacht werden, wie z.B. *Conus textile* (m). Diese Weichtiere besitzen ein starkes Gift, mit dem sie ihre Beute lähmen: sie schießen dafür winzige Harpunen ab. Fast nur in der Nacht anzutreffen, bleiben sie harmlos, wenn man sie nicht gerade in die Hand nimmt. Wohl bekannt wegen der wenig angenehmen Wirkung ihrer Stacheln auf Hände und Füße sind die Seeigel, die in der Nacht ihre Schlupflöcher am Korallenriff verlassen und den gesamten Meeresgrund überziehen. Die **Diademseeigel** (o) schützen sich mit langen, schwarzen Stacheln, die so dünn sind, daß sie leicht ins Fleisch eindringen und dann abbrechen. Da die Stachel an ihrer Oberfläche Toxine tragen, entstehen schmerzhafte kleine Wunden. Auch unbedingt zu vermeiden ist der Stecknadelkopf-Seeigel, *Asthenosoma varium* (i). Seine kurzen, ro-

p

ten Stacheln tragen kleine weiße Giftsäckchen, die sich entleeren, wenn die Stacheln in die Haut eindringen. Die Folge ist ein heftiger, unmittelbarer Schmerz. Natürlich gibt es viele nesselnde Organismen, die intensiv brennen, wenn die Haut mit ihnen in Berührung kommt, aber man kann sich leicht vor ihnen schützen, indem man Taucheranzug, Handschuhe und Füßlinge anlegt. Als erste ist die weit verbreitete **Feuerkoralle** (l) (*Millepora sp.*) zu nennen, ein Hohltier, das einer ast- oder fächerförmigen Madrepora ähnelt, von braungelber Ockerfarbe mit weißlichen Spitzen. Deren stark nesselnde Wirkung beruht auf fadenförmigen Injektoren, die ein starkes Toxin enthalten, das die schmerzhaften "Verbrennungen" verursacht. Man sollte die schmerzenden Stellen energisch mit Meerwasser abreiben und dann Alluminiumsulfat oder Kortisoncreme auftragen. Ebenfalls nesselnd sind einige **Quallenarten** (n, p), **Seeanemonen** (q) und andere *Cnidaria*, gegen die die übliche Unterwasserkleidung guten Schutz gewährt.

q

SCHNORCHELN UND TAUCHEN

Das Rote Meer eignet sich hervorragend für Tauchgänge ohne Atemgerät, mit Flossen, Tauchermaske und Schnorchel. Seine Korallenriffs reichen oftmals bis an die Oberfläche oder bis kurz davor, so daß das "Schnorcheln" vollkommen ausreicht, um die reiche Flora und Fauna von der Höhe des Wasserspiegels zu beobachten. Gerade die ersten Meter der Riffs bieten die schönsten Farben und das reichste Habitat an Lebewesen. Es genügen kurze Tauchgänge von wenigen Metern Tiefe, um auch die Bewohner von Höhlen und Sandgründen zu entdecken und wenn man im tieferen Meer schwimmt, kommt es zu erregenden Begegnungen mit gewaltigen Meereswesen und mit Raubfischen wie Barrakuda und Haien, die der Taucher ohne Atemgerät leichter annähern kann, weil er kaum Geräusche verursacht. Als Ausrüstung genügt sehr wenig, eine Tauchermaske, die am Gesicht gut abdichtet, ein nicht zu langer Schnorchel mit ausreichend großem Durchmesser und ein Paar Flossen. Zu den Flossen sollten wir einige Worte verlieren, denn es gibt sehr verschiedene Modelle im Handel, mit geschlossenem oder offenem Fußteil, kurze oder lange Flossen, mit Schlitzen, die Wasser durchlassen und anderen Kniffen, die die Fortbewegung fördern sollen. Zum Schnorcheln dienen am ehesten die mit geschlossener Sohle, nicht übertrieben lang oder hart, auch wenn dies natürlich von der Muskelkraft und der Geübtheit eines jeden Tauchers abhängt. Die Flossen mit offenem Fußteil erlauben dagegen die Benutzung von Füßlingen mit kräftigen Sohlen in Stiefelform, mit denen man auf dem Riffdach und in flachem Wasser laufen kann. Natürlich verursachen sie einen stärkeren Auftrieb der Füße und mindern daher die Wirkung des Flossenschlages. Auch wer ohne Atemgerät taucht, sollte nicht auf einen kompletten Taucheranzug mit Jacke und Hose verzichten, der vor der Berührung mit Korallen und nesselnden Tieren schützt.
Im Handel gibt es bereits welche von 2 bis 3 mm Dicke aus Neopren oder aus Lycra. Die aus Neopren muß man mit einigen Gewichten anlegen, um den Auftrieb zu kompensieren, dafür gewähren sie aber auch guten Kälteschutz, für die aus Lycra sind Gewichte unnötig, aber der Kälteschutz ist gering. Man vergesse nicht, auch die Hände mit Handschuhen aus Leinwand oder Leder zu schützen; allerdings sollte man sowieso die Korallen nicht berühren, erstens um das Riff nicht zu beschädigen und zweitens um den Kontakt mit Skorpionfischen und anderen gefährlichen Tieren zu vermeiden. Das Tauchen mit Atemgerät und Preßluftflaschen eröffnet eine wundervolle, meist noch unberührte Welt, heute mit Leichtigkeit für jedermann zugänglich, der schwimmen kann und mit dem Wasser vertraut ist. In den bekanntesten Tourismusorten des nördlichen Roten Meeres gibt es zahlreiche Tauchschulen und Tauchbasen, die innerhalb einer Woche die Grundregeln des Tauchens lehren und das internationale Tauchpatent ausstellen. Noch besser ist es, wenn man das Patent schon zu Hause erworben hat und vom ersten Tag an in voller Autonomie das Rote Meer genießen kann.

Wer ein Tauchpatent hat, besitzt in der Regel auch eine Tauchausrüstung, die er mitnehmen sollte, erstens wegen der hohen Mietkosten und zweitens wegen der besseren Sicherheitsgarantie, die ein erprobtes und vor der Abreise überprüftes Eigengerät gewährleistet. Man beachte, daß in den Tauchbasen die Preßluftflaschen meist mit einfachen Ventilen ausgestattet sind und daher ein Reserveluftventil nutzlos ist, nur eines von beiden kann auf die Preßluftflasche montiert werden, man muß also im Oktopussystem zwei zweite Stufen auf die einzige erste Stufe montieren. Der Tauchanzug muß den ganzen Körper bedecken, um Verletzungen am Korallenriff vorzubeugen.
Die Dicke des Neoprenanzuges hängt von der Jahreszeit und von dem Breitengrad ab. Im Sudan und im südlichen Roten Meer kann ein Anzug von 3 mm Dicke das ganze Jahr über ausreichend sein, im nördlichen Teil unterschreite man von Dezember bis April nicht 5 mm Dicke und wähle einen Anzug mit eingearbeiteter Kopfhaube. Die besten Füßlinge für das Tauchen mit Atemgerät sind die mit steifer Fußsohle, für die offene Flossen erforderlich sind.
Unverzichtbar ist ein Tarierjacket, ein Ausrüstungsstück, das erheblich dazu beigetragen hat, dem großen Publikum die Unterwasserwelt zu öffnen. Schließlich vergesse man nicht ein Paar kräftige Handschuhe, ein Messer, eine Taschenlampe mit Batterien, Kontrollinstrumente und die wichtigsten Ersatzteile, denn nur in den größeren Touristikzentren im Norden des Roten Meeres gibt es Ausrüstungen und Ersatz, an den einsameren Orten findet man praktisch garnichts.

UNTERWASSERFOTOGRAFIE

Wer sich in der farbenprächtigen Unterwasserwelt eines tropischen Meeres bewegt, wird auf die Dauer nur ungern darauf verzichten, einige Erinnerungsfotos von all der Pracht mitzunehmen, die ihr oder ihm zu sehen vergönnt war. Dafür eignen sich alle Unterwasserkameras, allerdings nur die ausgeklügelten und teuren Apparate garantieren gute Ergebnisse, während einfache Geräte, wie die in jüngster Zeit entwickelten Fotoapparate für einmaligen Gebrauch, nur mittelmäßige Ergebnisse erzielen.

Ein Fotoapparat, der seit dreißig Jahren von allen Unterwasserfotografen benutzt wird,ist die amphibische Nikonos-Kamera, die ohne eine weitere Schutzhülle unter Wasser gebracht werden kann. Inzwischen gibt es bereits das fünfte Modell und man kann die Objektive wechseln (natürlich nur über Wasser!), mit einer guten Optik, die vom Weitwinkel bis zu einem kleinen Teleobjektiv reicht. Bei dem neuesten Modell gibt es auch eine Belichtungsautomatik, die dem Unterwasserfotograf bei problematischer Beleuchtung von großer Hilfe sein kann.

Als Alternative zur Nikonos gibt es die althergebrachte, aber immer noch berechtigte Methode, eine leistungsfähige Landkamera in ein druckfestes Unterwassergehäuse zu stecken. Dafür dienen Spiegelreflexkameras mit Einzelobjektiv, durch deren Reflexsucher eine perfekte Motivwahl und Scharfstellung möglich ist. Darin sind sie der Nikonos natürlich weit überlegen.

Bei der Wahl der Unterwasserkamera achte man darauf, daß ein Objektivwechsel möglich sein muß, denn jedes Motiv kann eine besondere Optik erfordern. Das Standardobjektiv der Nikonos hat eine Brennweite von 35 mm, damit fotografiert man Fische, Schwämme, Seesterne, Korallentiere, große Krebse und Brustbilder anderer Taucher. Das 28 mm-Objektiv eignet sich dagegen eher für größere Motive und erlaubt eine stärkere Annäherung. Das 20 mm-Weitwinkelobjektiv ist bereits sehr leistungsstark, es erfaßt andere Taucher, große Meerestiere, ganze Fischbänke, Gorgonienkolonien und größere Details eines Korallenriffs. Mit dem vielbesungenen 15 mm-Objektiv der Nikonos fotografiert man Schiffrelikte, ein ganzes Korallenriff, aber auch Poträts aus größter Nähe und große Fischbänke mit geringem Abstand. Diese Optik hat eine extreme Tiefenschärfe, wodurch ungenaues Scharfstellen nicht so sehr ins Gewicht fällt, aber man kann damit keine kleinen Motive aufnehmen, sie würden auf dem Bild fast verschwinden.

Diese Objektive der Nikonos entsprechen den 50, 35, 26 und 20 mm-Objektiven einer Spiegelreflexkamera mit druckfestem Unterwassergehäuse und Dome port. Solche Kameras haben auch den Vorteil, daß man sie für Mikroaufnahmen mit 50 und 100 mm-Objektiven ausrüsten und so kleinste Lebewesen fotografieren kann.

Selbst wenn man in geringer Tiefe fotografiert, ist ein Elektronenblitz notwendig, nicht so sehr zur Aufhellung, sondern um die vom Wasser gefilterten und absorbierten Farben aufzufrischen. Ohne Blitzlicht wirken alle Farben bläulich, was natürlich bei der Farbenpracht des Roten Meeres ein sehr enttäuschendes Ergebnis wäre. Im Handel werden die verschiedensten Blitzlichter angeboten, darunter auch solche, die sogar teurer als ein Fotoapparat sind!

Der Liebhaber dieses Mikrokosmos unter Wasser sollte sich außerdem mit Zwischenringen oder mit Vorsatzlinsen für die Nikonos versorgen oder mit einem Objektiv für Mikroaufnahmen, wenn er eine normale Kamera benutzt. Denn gegen allen Anschein ist es wesentlich einfacher, gute Aufnahmen von den kleinsten Lebewesen des Korallenriffs zu erhalten, als eindrucksvolle Gesamtaufnahmen.

Bei der Auswahl der Filme kommen ohne Zweifel nur Umkehrfilme in Frage (für Diapositive), denn die Negativfilme für Farbbilder sind nicht für Unterwasserfarben tariert, was besonders bei automatischer Entwicklung zu verfälschten Farbtönen führt. Bei der Filmempfindlichkeit halte man sich an 50-100 ISO wegen der besseren Schärfe und Definition der weniger empfindlichen Filme.

Auf seite 12: eine Gruppe von Tauchern begibt sich zum Tauchen im Sudan

Die Nikonos V ist die einzige Unterwasserkamera mit Wechselobjektiven und wird am meisten verwendet

Auf Seite 14, ein Taucher in Aktion, im Vordergrund eine große Gorgonie

Ein teilweise sichtbares Wrack in der Meerenge von Tiran

Ein Auto vom Typ Fiat 1100 im Laderaum der "Umbria", dem berühmtesten Wrack des Roten Meeres, das der Kommandant 1940 vor Port Sudan versenkte; das versunkene Wrack der "Dana", das bei Sha'ab Abu Nuhâs im Süden Ägyptens in den Achtziger Jahren unterging

1 - Grauer Riffhai *(Carcharhinus wheeleri)*

HAIFISCHE

Offenes Meer/Riff - tagesaktiv/nachtaktiv - Einzelgänger/Gruppentier - Fleischfresser - 0/70 m Tiefe

Im Roten Meer gibt es sehr viele Haifische und in einigen Gebieten, wie vor den Korallenriffs im offenen Meer des Sudan, trifft man bei jedem Tauchgang wenigstens einen. Sie erfreuen sich keines guten Rufes, aber mit der allmählichen Aufgabe der Unterwasserjagd und der Zunahme von Atemgeräten haben die Taucher festgestellt, daß der Hai eigentlich ein recht friedliches und scheues Tier ist. Man sollte sich also unter Wasser nicht erschrecken;- wer versucht sie zu fotografieren, wird feststellen, daß es garnicht einfach ist, näher heranzukommen. Nur wenige Arten können eventuell dem Menschen gefährlich werden, doch trifft man diese nur ausnahmsweise.
Alle Haie sind Knorpelfische und daher verwandt mit den Mantas oder Teufelsfischen, den Adlerrochen, den Zitterrochen und den Rochen im allgemeinen.
Mit oder ohne Atemgerät trifft man am ehesten den länglichen Weißspitzen-Riffhai *(Triaenodon obesus)*, dessen Rücken- und Schwanzflossen weiße Spitzen aufweisen. Manchmal liegt er unbeweglich auf dem Meeresgrund oder in kleinen Höhlen.
Der Graue Riffhai *(Carcharhinus wheeleri)* ist am äußeren Absturz des Korallenriffs anzutreffen. Er

2

3

4

2 - Weißspitzen-Riffhai *(Triaenodon obesus)*
3 - Silberspitzenhai *(Carcharhinus albimarginatus)*
4, 5 - Gekerbter Hammerhai *(Sphyrna lewinii)*

5

wird 175 cm lang und trägt an der Rückenflosse einen weißen und an der Schwanzflosse einen schwarzen Saum.
Dem gerade beschriebenen Hai ähnelt der Silberspitzenhai *(Carcharhinus albimarginatus)*, dessen Flossen allerdings alle weiß gesäumt sind. Es kann vorkommen, daß er sein Territorium verteidigt und deshalb gegen den Taucher Vorstöße unternimmt.
Besonders aufregend ist die Begegnung mit dem Hammerhai *(Sphyrna lewinii)*, oft in zahlreichen Exemplaren zusammengerottet, der nach seiner typischen Kopfform benannt ist. Er gilt als potentiell gefährlich, hat aber noch nie einen Taucher belästigt.

6

7

8

6, 7 - Blaupunktrochen (*Taeniura lymma*)
8 - Der giftige Stachel des Blaupunktrochens

Dasyatidae (Stechrochen) - Myliobatidae (Adlerrochen) - Mobulidae (Mantas) - Torpedinidae (Zitterrochen)

Knorpelfische wie die Haie, tragen die Stechrochen an ihrem flachen Körper einen langen Schwanz mit Giftstachel. Sie ruhen halbbedeckt im sandigen Meeresgrund und nähren sich von Muscheln, Krebstieren und kleinen Fischen, die sie mit einem hochsensiblen Empfangsorgan an dem schwachen elektrischen Feld erkennen, mit dem jedes Lebewesen umgeben ist. Weit verbreitet im Roten Meer ist der Blaupunktrochen *(Taeniura lymma)*, dessen ockerfarbene Haut wunderschöne blaue Flecken zieren.
Die gefleckten Adlerrochen *(Aetobatis narinari)* dagegen schwimmen in halber Wasserhöhe und

9

9 - Riesenmanta *(Manta birostris)*
10 - Adlerrochen *(Aetobatis narinari)*
11 - Rotmeerzitterrochen *(Torpedo sinuspersici)*

10

11

sind leicht an ihrem dunklen Kleid mit weißen Punkten zu erkennen. Sie besitzen einen langen Schwanz mit Giftstachel und schwimmen sehr elegant, indem sie ihre "Flügel" - in Wirklichkeit ihre Flossen - wie große Vögel bewegen.
Geübte Schwimmer sind auch die Mantas, riesige, aber harmlose Tiere, die ständig umherschwimmen und sich von Plankton ernähren. Ihre Flossenspannweite kann 6 bis 7 m erreichen. Zu gewissen Jahreszeiten rotten sie sich, besonders im südlichen Roten Meer, zu großen Gruppen zusammen, wahrscheinlich aus Gründen der Fortpflanzung.
Die Zitterrochen sind hingegen wieder Grundfische, ihr Vorderteil ähnelt einer runden Pflade. Sie erjagen ihre Opfer auf ungewöhnliche Weise, nämlich indem sie sie mit einem elektrischen Schlag betäuben, den sie mit einem besondern Organ erzeugen, das einem Akkumulator ähnelt.

Sphyraenidae - Barrakuda

Offenes Meer/Riff - tagesaktiv/nachtaktiv - Einzelgänger/Gruppentiere - Fleischfresser - 0/50 m Tiefe

Die Begegnung mit einem Schwarm junger Barrakuda in halber Wassertiefe ist immer sehr eindrucksvoll. Mit ihrem halb offenen Maul und den schrecklichen Zähnen wirken sie wie blutrünstige Räuber. In der Tat gelten alle Arten dieser Familie als unersättliche Raubfische, aber wenn man sie nicht provoziert, vermeiden sie es, Menschen anzugreifen. Um sie anzulocken, sollte man ein Stück blitzendes Metall oder dergleichen mitführen, sie werden sich neugierig annähern.
Der "Gigant" dieser Familie ist der Große Barrakuda, *Sphyraena barracuda*, ein Fisch der über zwei Meter lang werden kann und ein Gewicht von 40 kg erreicht. Das erwachsene Tier lebt als Einzelgänger, vor allem tagesaktiv. Man kann es überall antreffen, im offenen Meer und in Hafengewässern. Der Große Barrakuda hat als einziger der Familie den schlechten Ruf, Menschen angegriffen zu haben. Diese Zwischenfälle ereigneten sich jedoch alle in trübem Wasser, wo eine menschliche Gliedmaße leicht mit einem Beutetier verwechselt werden kann.

12 - Großer Barrakuda (*Sphyraena barracuda*)
13 - Schwarm von Barrakuda (*Sphyraena sp.*)

14

15

Carangidae - Makrelen

Offenes Meer - tagesaktiv - Einzelgänger/Gruppentiere - Fleischfresser - 0/60 m Tiefe

Diese ausgezeichneten Schwimmer haben eine vollendete hydrodynamische Form und eine wunderschöne silbrige Färbung. Als sporadische Besucher der Korallenbänke kommen sie vom offenen Meer in die flachen Gewässer, die Jungtiere in Schwärmen, der ausgewachsene Fisch allein. Alle Arten sind Fleischfresser, sie ernähren sich von Weichtieren, Fischen und Krebstieren. Die größten unter ihnen sind blitzschnell da, wenn ein verletzter Fisch um sich schlägt; eine Begegnung mit ihnen ist für den Taucher immer wieder ein ganz besonderes Erlebnis.

14, 16 - Großaugenmakrele (*Caranx sexfasciatus*)
15 - Blauflossenmakrele (*Caranx melampygus*)

16

Ephippidae - Platax - Fledermausfisch

Offenes Meer - tagesaktiv - Einzelgänger/Gruppentiere - Fleischfresser - 0/25 m Tiefe

Der Körper dieser Fische ist seitlich abgeplattet und fast rund, so daß er einem Teller oder einer Pfanne ähnelt, seine silberglänzenden Schuppen sind in Streifenmustern dunkler gefärbt. Sie sind keine großen Schwimmer und verdanken ihren Namen den großen Bauch- und Rückenflossen, die sich in ihrer Jugendzeit entwickeln und wie Flügel aussehen. Sie schwimmen in dichten Schwärmen und tauchen hin und wieder zum Grund hinab, um große Invertebrata zu fangen.

17

18

17 - Fledermausfisch (*Platax teira*)
18 - Rundkopf-Fledermausfisch (*Platax orbicularis*)

Lutjanidae - Schnapper

Offenes Meer/Riff - Einzelgänger/Gruppentier - tagesaktiv/nachtaktiv - Fleischfresser - 5/100 m Tiefe

Zu dieser Familie zählen, wegen der Qualität ihres Fleisches, einige der wirtschaftlich wichtigsten tropischen Fische.
Die meisten von ihnen leben als Einzelgänger oder in kleinen Schwärmen in bis zu 100 m tiefem Wasser in der Nähe des Korallenriffs, auch wenn einzelne Arten bis zu 500 m tief anzutreffen sind. Sie ernähren sich von einer Unzahl von Tieren, die sie überwiegend in der Nacht erbeuten und erreichen das für Fische erstaunliche Alter von 21 Jahren. Der Kupferschnapper *(Lutjanus bohar)* kann bis zu einem Meter lang werden.

19

19 - Kupferschnapper (*Lutjanus bohar*)
20, 22 - Blaustreifenschnapper (*Lutjanus kasmira*)

20

Caesionidae - Füsiliere

Hochseefische - tagesaktiv - Gruppentiere - Fleischfresser - 5/60 m Tiefe

Im Vergleich mit den Lujanidae, denen sie ähneln, sind diese Fische jedoch schlanker und bilden tagsüber gewaltige Schwärme, wenn sie sich über dem Korallenriff von kleinen Organismen ernähren. Die Füsiliere trifft man mit Leichtigkeit über dem äußeren Absturz des Riffs, oftmals ist man dann von einer regelrechten Fischwolke umgeben.

21, 23 - Füsiliere (*Caesio sp.*)

21

22

23

Muraenidae - Muränen

Riff - Tag/Nacht - Einzelgänger - Fleischfresser - 2/50 m Tiefe

Die Muränen haben sich besonders gut dem Korallenriff angepaßt. Die gelängte Form, die glatte Haut ohne Schuppen und die kräftigen Muskeln ermöglichen es ihnen, ohne weiteres in enge Höhlungen einzudringen.
Die Schlangenform, die zuweilen gewaltige Größe (bis zu 3 m), und das ständige Öffnen und Schließen des Maules (während der Atmung), jagen Furcht ein. Auch sie sind aber für den Menschen ungefährlich, solange man Abstand hält, denn in Wirklichkeit sind sie sehr scheu. Nicht die Hand in ihre Höhle hineinstecken, denn ein Biß der Muräne ist sehr schmerzhaft und gefährlich, weil die spitzen Zähne nach innen gewandt sind. Die Muräne macht während ihrer Wachstumsperiode eine Geschlechtsumwandlung durch, das Männchen verwandelt sich in ein Weibchen.

24, 26 - Riesenmuräne (*Gymnothorax javanicus*)
25 - Graue Muräne (*Siderea grisea*)

24

25

26

27

28

Anthiidae - Anthias - Fahnenbarsche

Riff - tagesaktiv - Gruppentier - Fleischfresser - 0/15 m Tiefe

Sie sind nur wenige Zentimeter lang und von einem leuchtenden Orangenrot. In zahllosen Exemplaren bevölkern sie jeden Teil des Korallenriffs. Dort jagen sie tagsüber Plankton-Organismen, in der Nacht verstecken sie sich geschickt in kleinen Spalten und Höhlen. Die Männchen haben eine von den Weibchen verschiedene Färbung. Im allgemeinen stehen einem Männchen zehn Weibchen gegenüber. Das erstaunliche Phänomen der Geschlechtsumwandlung macht es möglich, daß beim Tod oder Verlust eines Männchens, ein erwachsenes Weibchen derselben Gruppe den Platz des Männchens einnimmt, indem es männlichen Geschlechts wird und sich verfärbt.

27, 31 - Orangeroter Fahnenbarsch (Männchen) (*Anthias squamipinnis*)
28 - Orangeroter Fahnenbarsch (Weibchen) (*Anthias squamipinnis*)
29 - Streifenfahnenbarsch (Männchen) (*Anthias taeniatus*)
30 - Schwarm von Orangeroten Fahnenbarschen (*Anthias squamipinnis*)

29

30

31

32

Serranidae - Zackenbarsche

Riff - tagesaktiv/nachtaktiv - Einzelgänger - Fleischfresser - 5/200 m Tiefe

Diese Fische sind wegen ihres köstlichen Fleisches von großer wirschaftlicher Bedeutung und leben in tropischen Gewässern in Tiefen von 5 bis 200 m. Die meisten von ihnen tragen große spitze Reißzähne, sind also kräftige Raubfische, die sich von anderen Fischen und Krebstieren ernähren.
Auch die Zackenbarsche sind zu der gleichen Art von Geschlechtsumwandlung fähig wie die Anthias, aber in dieser Gruppierung gibt es auch Arten, die sich durch eine "synchrone Zwittrigkeit" auszeichnen, d.h. ihr ganzes Leben lang besitzen sie funktionsfähige weibliche und männliche Geschlechtsorgane. Es scheint, daß die größten Individuen das vielfache Gewicht von zehn Kilogramm erreichen können und ein hohes Alter erreichen. Als starke Raubfische sind sie eng an ihr Territorium gebunden und stehen an der Spitze der Ernährungskette, so daß ihr Tod für das Ecosystem der jeweiligen Korallenbarriere erhebliche Störungen verursachen kann.

32, 33 - Juwelenzackenbarsch (*Cephalopholis miniata*)

33

34

34, 35 - Juwelenzackenbarsch (*Cephalopholis miniata*)
36 - Mondflossenzackenbarsch (*Variola louti*)

35

36

37

38

39

37 - Halbgepunkteter Zackenbarsch
(*Cephalopholis hemistiktos*)
38, 40 - Baskenmützen-Zackenbarsch
(*Epinephelus fasciatus*)
39 - Herumstreichender Zackenbarsch
(*Plectropomus maculatus*)

40

41

42

43

41 - Herumstreichender Zackenbarsch
(*Plectropomus maculatus*)
42 - Braunflecken-Zackenbarsch (*Epinephelus tauvina*)
43 - Pfauenaugenbarsch (*Cephalopholis argus*)
44 - Summanazackenbarsch (*Epinephelus summana*)

44

Haemulidae - Süßlippen

Riff - tagesaktiv/nachtaktiv - Gruppentier - Fleischfresser - 2/40 m Tiefe

Der italienische Name "grugnitori" (Grunzer) rührt daher, das diese Fische seltsame Töne ausstoßen, die durch Zähneknirschen und die Verstärkung dieses Geräusches mit Hilfe der Schwimmblase entstehen. Sie sind vor allem nachtaktiv und jagen Invertebraten auf dem Meeresgrund. Tagsüber umschwimmen sie langsam das Korallenriff, zuweilen in großen Gruppen. Typisch für viele dieser Arten ist der drastische Farbwechsel während der Wachstumsperiode, jedoch ohne Geschlechtswechsel.

45, 46 - Schwarzgepunktete Süßlippe
(*Plectorhynchus gaterinus*)

45

46

47

Labridae - Lippfische

Riff - tagesaktiv - Einzelgänger - Fleischfresser - 0/50 m Tiefe

Die Familie der Lippfische zählt fast so viele Arten wie die Grundeln *(Gobiidae)*, mit erstaunlichen Unterschieden in Form und Farbe und mit Größenabmessungen, die von wenigen Zentimetern bis zu zwei Metern reichen. Viele Arten besitzen kräftige Zähne, die nach vorne herausragen, mit denen sie Seeigel, Krebse und Weichtiere zermalmen.
Die meisten Lippfische sind lebhaft gefärbt und ihr Schuppengewand wechselt, mit Zwischenphasen, von der Jungtierzeit bis zum Ausgewachsen-Sein mit Unterschieden zwischen Männchen und Weibchen. Auch Geschlechtsumwandlungen sind verbreitet, der einzelne Fisch wird als Weibchen geschlechtsreif, kann sich aber im Lauf seines Lebens in ein Männchen verwandeln.
Die Lippfische sind ausgesprochen tagesaktiv, in der Dämmerung ziehen sie sich als erste zurück. Die Schwanzflossen betätigen sie nur bei plötzlicher Flucht oder zur Verfolgung. Besondere Aufmerksamkeit verdient ein besonders eigenartiger Vertreter dieser Familie, der Putzerfisch.

47 - Stülpmaul-Lippfisch - Männchen (*Epibulus insidiator*)
48 - Putzerlippfisch (*Labroides dimidiatus*)
49 - Weibchen des Stülpmaul-Lippfisch (*Epibulus insidiator*)
50 - Schachbrett-Lippfisch (*Halichoeres hortulanus*)

48

49

50

51

52

51 - Wangenband-Lippfisch
(*Cheilinus digrammus*)

52 - Rotbrustlippfisch
(*Cheilinus fasciatus*)

53 - Lyraschwanz-Lippfisch
(*Bodianus anthioides*)

54 - Dicklippen-Lippfisch
(*Hemigymnus melapterus*)

55 - Klunzingers-Lippfisch
(*Thalassoma klunzingeri*)

53

54

PUTZERLIPPFISCH

Der Putzerfisch verschafft sich seine Nahrung auf ganz originelle Weise, er reinigt andere Fische von Parasiten, alten Schuppen und Hautstückchen. Die anderen Fische lassen sich diese "Behandlung" gerne gefallen, da sie sich sich sonst nicht von den lästigen Parasiten befreien könnten. Die Stellen, an denen diese Tiere ihre Arbeit verrichten, lassen sich mit einer Autowaschanlage vergleichen: Die Tiere warten geduldig darauf, bis sie an die Reihe kommen und der in Behandlung befindliche Fisch hält Maul und Kiemen weit offen, damit der um ihn herumhuschende Putzerfisch in alle Öffnungen vordringen kann. Um seine "Kunden" anzulocken, führt der Putzerfisch einen pantomimischen Tanz vor, dessen Bedeutung für all diejenigen, die eine Reinigung brauchen, eindeutig zu sein scheint.

55

56

57

58

59

60

61

62

63

64

56 - Dianas Lippfisch (*Bodianus diana*)
57 - Achselfleck-Schweinfisch (*Bodianus axillaris*)
58 - Meißelzahn-Lippfisch (*Pseudodax moluccanus*)
59 - Jungtier des Spiegelfleck-Lippfisch (*Coris aygula*)
60 - Zwischenfärbung des Spiegelfleck-Lippfisch (*Coris aygula*)
61 - Altersform des Spiegelfleck-Lippfisch (*Coris aygula*)
62, 63 - Mondschwanz-Lippfisch (*Thalassoma lunare*)
64 - Napoleonfisch (*Cheilinus undulatus*)

65

66

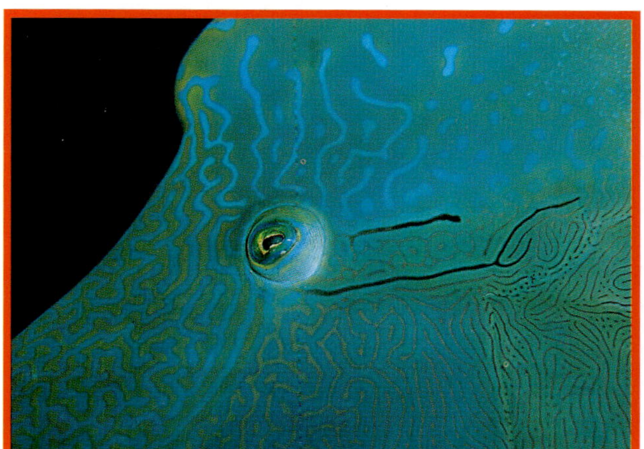

68

67

69

65/67, 69, 70 - Napoleonfisch (*Cheilinus undulatus*)
68 - Erwachsener Napoleonfisch (Auge und Hieroglyphen) (*Cheilinus undulatus*)

NAPOLEONFISCH

Der Napoleonfisch (Cheilinus undulatus) *ist bei den Tauchern sehr beliebt, vielleicht wegen seiner ungeschlachten Gestalt und den ausdrucksvollen Augen, mit denen er sein Gegenüber genau mustert. Vor allen Dingen bei Ras Mohammed, an der Südspitze der Sinai-Halbinsel, kommt er häufig vor, da ihn dort die Taucher mit gekochten Eiern zu füttern pflegten. Das ist aber heute zu Recht verboten worden. Der Napoleonfisch verdankt seinen Namen dem Wulst über den Augen, der der Kopfbedeckung des Franzosenkaisers ähnelt. Wie bei den anderen Lippfischen sind seine Kiefer sehr beweglich, so daß er seine Lippen weit vorschieben und mit einem kräftigen Sog seine Beute mit Haut und Haar verschlingen kann. Die Jungtiere tragen ein helles, graugelbes Schuppenkleid, der ausgewachsene Fisch hat eine sehr elegante Färbung mit grünen und blauen Reflexen und einer wunderschönen hieroglyphenartigen Zeichnung auf dem Kopf.*

70

71

Pomacanthidae - Kaiserfische

Riff - tagesaktiv - Einzelgänger - Allesfresser - 0/50 m Tiefe

Die Kaiserfische sind typisch für das Korallenriff, sie tragen wunderbare, lebhafte Farben, die mit zunehmendem Alter starken Veränderungen unterliegen. Auch ihr Geschlecht mutiert mit den Jahren, die Jungfische sind Weibchen und werden später zu Männchen. Ein männlicher Fisch verteidigt in der Regel einen Bereich, der, je nach Art, von wenigen Metern bis zu tausend Quadratmetern reichen kann, mit 2 bis 5 Weibchen darin. Wenn das Männchen verschwindet oder stirbt, wechselt das stärkste Weibchen sein Geschlecht und tritt an die Stelle des Männchens.
Ihr Küchenzettel umfaßt eine große Anzahl von tierischen und pflanzlichen Organismen, je nach Art. Einige Kaiserfische sind in der Lage, vor allem in der Jugend, vorübergehend die Rolle eines Putzerfisches zu spielen, indem sie andere Fische von lästigen Parasiten befreien. Sie unterscheiden sich von den Falterfischen *(Chaetodontidae)* wegen eines Stachels vor dem Kiemendeckel.

72

71, 75 - Diademkaiserfisch (*Pomacanthus imperator*)
72 - Jungtier des Diademkaiserfisch (*Pomacanthus imperator*)
73 - Pfauenkaiserfisch (*Pygoplites diacanthus*)
74 - Arabischer Kaiserfisch (*Pomacanthus asfur*)
76 - Purpurmond-Kaiserfisch (*Pomacanthus maculosus*)
77 - Purpurmond-Kaiserfisch im Jugendkleid (*Pomacanthus maculosus*)

73

74

75

76

77

78

79

78, 80 - Purpurmond-Kaiserfisch
(*Pomacanthus maculosus*)
79 - Lyrakaiserfisch
(*Genicanthus caudovittatus*)

80

Chaetodontidae - Falterfische

Riff - tagesaktiv - Gruppentiere/Einzelgänger - Fleischfresser/Allesfresser - 0/30 m Tiefe

Die Falterfische sind ebenfalls sehr typisch für die Korallenbarriere und tragen im Gegensatz zu den Kaiserfischen keinen Dorn vor dem Kiemendeckel. Tagsüber durchstreifen sie ihr Gebiet einzeln oder in Paaren und ruhen in der Nacht am Meeresgrund, wofür ihre Färbung etwas nachdunkelt. Einige Arten fressen eine große Menge von Organismen, andere sind Nahrungsspezialisten. Zu letzteren zählen einige ulkige Arten, die ein schmales, langes Schnäuzchen haben und die kleinen Polypen der Madrepora fressen. Bei den meisten Arten der Falterfische bleiben die Paare viele Jahre zusammen, manchmal das ganze Leben.

81 - Falterfisch (*Chaetodon mesoleucos*)
82 - Riesenfalterfisch (*Chaetodon lineolatus*)
83 - Fähnchenfalterfisch (*Chaetodon auriga*)

81

82

83

84

85

86

87

88

89

90

91

84 - Zickzack-Falterfisch
(*Chaetodon trifascialis*)
85 - Kronen-Falterfisch
(*Chaetodon paucifasciatus*)
86 - Schwarzschwanz-Falterfisch
(*Chaetodon austriacus*)
87 - Tabakfalterfisch
(*Chaetodon fasciatus*)
88 - Gelbsaumfalterfisch
(*Chaetodon melannotus*)
89 - Eckiger Wimpelfisch
(*Heniochus diphreutes*)
90 - Orangenkopf-Falterfisch
(*Gonochaetodon larvatus*)
91, 92 - Maskenfalterfisch
(*Chaetodon semilarvatus*)

92

93

94

95

96

97

93 - Papageifisch (*Bolbometopon muricatum*)
94 - Papageifisch (*Hipposcarus harid*)
95 - Rostpapageifisch (*Scarus ferrugineus*)
96 - Schwarzez Papageifisch (*Scarus niger*)
97 - Buckelkopf-Papageifisch (*Scarus gibbus*)
98, 99 - *Scarus sp.*

98

Scaridae - Papageifische

Riff - tagesaktiv - Pflanzenfresser - Einzelgänger
0/20 m Tiefe

Man nennt sie Papageifische, weil ihre Zähne mit dem Kiefer verschmolzen eine Art Schnabel bilden und auch, weil sie so lebhafte Farben wie ein Papagei tragen. Die meisten weiden den leichten Algenüberzug an den Madrepora ab und bekratzen dabei auch etwas die Korallen, wodurch ein unverwechselbares Geräusch entsteht. Nur die grünen Algenteile werden verdaut, der Korallenabrieb verwandelt sich in feinsten sand. Als tagesaktive Meeresbewohner schwimmen sie allein oder in kleinen Gruppen umher. Einige Arten sondern einen Schleim ab, in den sie sich für die ganze Nacht wie in einen Kokon einhüllen. Offenbar dient dies als Schutz gegen nächtliche Beutejäger wie die Muränen, die durch den Schleier nicht mehr den Geruch des Fisches wahrnehmen. Auch die Papageifische einer Geschlechtsumwandlung, wenn sie älter werden: Weibchen verwandeln sich in Männchen und es verändert sich dabei auch ihr Schuppenkleid.

99

100

Acanthuridae - Doktorfische

Riff - tagesaktiv - Gruppentiere/Einzelgänger - Pflanzenfresser/Allesfresser - 0/50 m Tiefe

Der Name dieser Fische rührt daher, daß sie bewegliche Stachel und Knochenansätze besitzen, die wie Rasiermesser schneiden. Diese Waffen sitzen seitlich am Schwanzflossenansatz und mit ihnen können sie anderen Raubfischen oder Rivalen der gleichen Art tiefe Wunden zufügen. Das flache Meer des Korallenriffs wird von diesen Tieren bevorzugt, wo sie der Taucher ständig antrifft. Sie verbringen ihre Tage auf der Suche nach Algen und Plankton, in der Nacht verbergen sie sich in Höhlungen und Spalten.

101

100 - Gelbklingen-Doktorfisch (*Naso lituratus*)
101 - Brauner Segelflossendoktor (*Zebrasoma desjardinii*)
102 - Sohaldoktorfisch (*Acanthurus sohal*)
103 - Blauer Segelflossendoktor (*Zebrasoma xanthurum*)
104 - Kurznasendoktorfisch (*Naso unicornis*)
105 - Nashornfisch (*Naso brevirostris*)
106 - Blauklingen-Doktorfisch (normale Färbung) (*Naso hexacanthus*)
107 - Blauklingen-Doktorfisch (helle Färbung) (*Naso hexacanthus*)
108 - Gelbklingen-Doktorfisch (*Naso lituratus*): die Klingen an der Schwanzwurzel

102

103

104

105

106

107

108

109

109, 110 - Gelbschwanzdrücker *(Balistapus undulatus)*
111 - Picasso-Drücker *(Rhinecanthus assasi)*
112 - Rotzahn-Drücker *(Odonus niger)*
113, 115 - Riesendrücker *(Balistoides viridescens)*
114 - Blauer Drücker *(Pseudobalistes fuscus)*

Balistidae - Drückerfische

Riff - tagesaktiv - Einzelgänger
Pflanzenfresser/Allesfresser - 3/50 m Tiefe

Die Drückerfische verfügen über einen bizarren Verteidigungsmechanismus, sie können ihren kräftigen Rückendorn mit einem zweiten, kleineren Dorn in aufgerichteter Position blockieren. Wenn sich ein für sie gefährlicher Raubfisch annähert oder die Nacht hereinfällt, schlüpfen sie in enge Höhlungen und klemmen sich dort mit dem eben beschriebenen Drücker-Mechanismus ein, so daß es nicht mehr möglich ist, sie herauszuzerren.
Der größte Teil der Drückerfische lebt als Einzelgänger und ist tagesaktiv. Mit ihren kräftigen Zähnen könne sie fast alles zerkleinern, auch gewisse Muscheln und Seeigel, die von den meisten anderen Arten verschmäht werden. Sie deponieren ihre Eier in großen, kreisförmigen Nestern, die sie in den Sand graben und ohne zu zögern gegen jeden verteidigen, sei es Mensch oder Tier, der es wagt, ihnen zu nahe zu kommen.

110

111

112

113

114

115

Pomacentridae - Anemonenfische - Riffbarsche

Riff - tagesaktiv - Gruppentiere/Einzelgänger - Pflanzenfresser/Allesfresser- 0/25 m Tiefe

Die *Pomacentridae* sind im Flachwasser des Korallenriffs am häufigsten. Ihre Färbung wandelt sich von Art zu Art sehr stark, vom dunklen Braun, Dunkelgrau und Schwarz bis zu lebhaften Farbkombinationen mit Orange und Gelb und schillerndem Blau.
Auch ihre Nahrung ist sehr verschieden, einige fressen nur Plankton, andere sind Allesfresser und verzehren Algen, kleine Invertebraten und tierisches Plankton. Die Einzelgänger und diejenigen mit festem Standort verteidigen ihr Territorium mit Tollkühnheit, auch gegen wesentlich stärkere Tiere.
Zur Laichzeit sucht das Männchen einen geeigneten Ort am Meeresboden aus, den es von allen Hindernissen befreit. Dann führt es dort einen Hochzeitstanz mit vielen Zuckungen und Flossenbewegungen aus, um das Weibchen für sich zu gewinnen. Wenn alles gut geht, legt das Weibchen schließlich die Eier ab, die das Männchen hartnäckig verteidigen wird, bis die Jungen ausschlüpfen.

ANEMONENFISCHE

Zu dieser Familie zählen auch die berühmten Anemonenfische, die ausschließlich in Symbiose mit großen tropischen Seeanemonen leben. Wenn sich der Anemonenfisch zwischen die nesselnden Tentakeln seiner Gastgeberin flüchtet, gewährt diese ihm Rettung vor seinen Feinden, wofür der Anemonenfisch seine Beschützerin sauber hält.
Eine andere Eigenheit dieser Gruppe betrifft den Geschlechtswechsel zwischen Männchen und Weibchen. Eine große Seeanemone beherbergt in der Regel eine ganze "Familie", die aus einem größeren Paar und einigen kleineren Exemplaren besteht, die alle einer strengen Hierarchie unterliegen. Das größte Weibchen dominiert; wenn es stirbt, übernimmt das stärkste Männchen seine Rolle, indem es sein Geschlecht wechselt, während das nächstgrößte Männchen umgehend die Geschlechtsreife erreicht, um die Befruchtungsfunktion übernehmen zu können.

116

117

118

119

121

122

116 - Sulphur Riffbarsch (*Pomacentrus sulfureus*)
117 - Zweifarbige Chromis (*Chromis dimidiata*)
118 - Grauer Riffbarsch (*Amblyglyphidodon leucogaster*)
119 - Preußenfisch (*Dascyllus aruanus*)
120 - Oberfeldwebel (*Abudefduf saxatilis*)
121, 123, 125, 126 - Zweibalken-Anemonenfisch (Clownfisch) (*Amphiprion bicinctus*)
122 - Grüner Riffbarsch (*Chromis coerulea*)
124 - Dreifleck (Domino) Riffbarsch (*Dascyllus trimaculatus*)

123

124

125

126

127

128

Mullidae - Meerbarben

Riff - tagesaktiv - Gruppentiere - Fleischfresser - 0/20 m Tiefe

Man erkennt die Meerbarben leicht an ihrer schlanken Körperform und an zwei langen Barteln, die sie unter dem Unterkiefer tragen. Die Barteln sind mit chemischen Sensoren ausgestattet und mit ihnen durchstöbern die Barben das Grundsediment nach Nahrung. In der Ruhestellung liegen die Barteln an der "Kehle" des Fisches an, während des Liebesspieles "gestikuliert" das Männchen damit.
Die Meerbarben sind allesamt Fleischfresser und ernähren sich überwiegend von kleinen Invertebraten, einige Arten wagen sich auch an kleine Fische heran.

127, 129 - Gelbsattelbarbe *(Parupeneus cyclostomus)*
128 - Forsskals Barbe *(Parupeneus forsskali)*

129

Gobiidae - Grundeln

Riff - tagesaktiv - Einzelgänger/Gruppentiere - Fleischfresser - 2/30 m Tiefe

Dies ist die größte Fischfamilie überhaupt, mit über 800 Arten. Schlanke Körperform und geringe Größe - nicht mehr als 10 cm Länge - prädestinieren sie zu einem Leben in der Nähe von kleinen Höhlungen, in denen sie bei jedem Anzeichen von Gefahr sofort Zuflucht suchen. Andere Arten leben zwischen den Zweigen der Madrepora. Einige Grundeln stehen in Symbiose mit bestimmten Garnelenarten (Familie *Alpheidae*), die Krebstiere bauen sich im Sand eine Höhle, die sie in ständiger Arbeit von Sand frei halten, die Grundeln schwimmen Wache und dürfen dafür in der Höhlung Schutz suchen.

130

131

130 - Mädchen Goby (*Valenciennea puellaris*)
131 - Goby (*Ptereleotris microlepis*)
132 - Sungamis Grundel (*Amblyeleotris steinizi*)

132

133

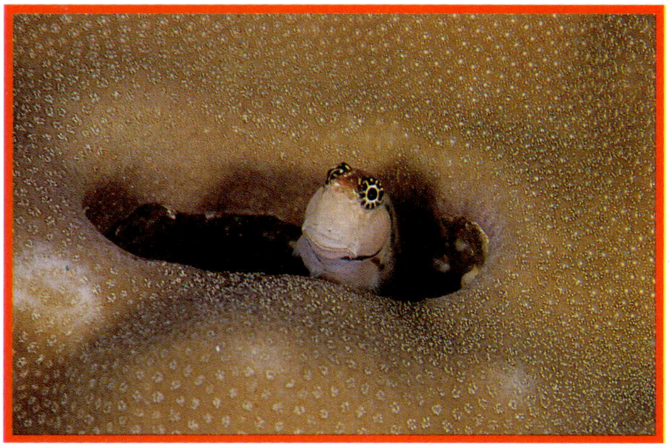

134

Blenniidae - Schleimfische

Riff - tagesaktiv - Einzelgänger - Pflanzenfresser/Fleischfresser - 2/30 m Tiefe

Eine lange, ununterbrochene Rückenflosse ist für diese kleinen Fische typisch, die in den flachen Gewässern des Korallenriffs leben. Trotz ihres friedfertigen Erscheinungsbildes sind sie recht aggressiv und verteidigen ihr Territorium auch gegen wesentlich größere Tiere. Manchmal sieht man sie in den kleinen Höhlungen der Madrepora versteckt, aus denen dann nur das sympathische Köpfchen mit den zwei großen Augen hervorragt.

133 - Graviers Schleimfisch *(Ecsenius gravieri)*
134 - Nalolo-Schleimfisch *(Ecsenius nalolo)*
135 - Säbelzahn-Schleimfisch *(Aspidontus taeniatus)*

135

MIMESE

Unter den Blenniidae gibt es einen Meister in der Imitationskunst, den Mimikry-Säbelzahnschleimfisch (Aspidontus taeniatus), *der den Putzerlippfisch (siehe Kasten Putzerlippfisch) in Größe, Form, Färbung und Bewegung perfekt nachahmt. Er ernährt sich von Schuppen, Hautstückchen und Flossen anderer Fische und bietet daher seine Dienste als "Putzer" an. Die meisten Fische durchschauen den Betrug, aber es gibt immer einen Jungfisch, der auf ihn hereinfällt und die Reinigungsprozedur über sich ergehen lassen würde; er erhält aber nur einen schmerzhaften Biß von Seiten des "Betrügers".*

Scorpaenidae - Feuerfische und Skorpionfische

Grundfische - Einzelgänger - tagesaktiv/nachtaktiv - Fleischfresser - 2/30 m Tiefe

Viele Arten dieser Familie tragen an der Rückenflosse einen giftigen Stachel, weswegen sie sehr gefürchtet sind. Am auffallendsten sind die Feuerfische *(Pterois)*, die mit ihren Farben eventuelle Bedroher gleich auf ihre Giftigkeit hinweisen. Sie jagen nachts, vor allem Krebstiere und kleine Fische. Andere dagegen wie der Falsche Steinfisch *(Scorpaenopsis diabolus)* und *S. barbatus* oder der schreckliche Echte Steinfisch *(Synanceia verrucosa)*, nutzen eine verblüffende Tarnung, um ihrer Beute aufzulauern. Sie passen sich ihrer Umgebung derartig geschickt an, daß man sie auch bei einer sehr sorgfältigen Untersuchung des Riffs nicht entdeckt. Sie bevölkern überwiegend flache Gewässer und sind daher eine ernsthafte Gefahr für alle Badenden. Wer den Fuß auf eines dieser Tiere setzt, wird unversehens den heftigen Schmerz des äußerst giftigen Stachels verspüren, der Fuß schwillt an, es kommt zu Atembeschwerden und in einigen Fällen kann solch ein Unfall sogar tödlichen Ausgang haben.

136 - Skorpionfisch (*Scorpaenopsis oxycephala*)

137

138

137 - Skorpionfisch
(*Scorpaenopsis oxycephala*)
138 - Steinfisch (*Synanceia verrucosa*)
139 - Scorpionfisch
(*Scorpaenopsis sp.*)
140 - Rotfeuerfisch (*Pterois volitans*)

139

140

141

141/143 - Rotfeuerfisch
(*Pterois volitans*)
144 - Strahlenfeuerfisch
(*Pterois radiata*)

142

143

144

Antennariidae - Froschfische

Riff - nachtaktiv - Einzelgänger - Fleischfresser - 0/30 m Tiefe

Auch die Froschfische sind große Tarnkünstler, auf jedem Untergrund gelingt es ihnen, nahezu unsichtbar zu werden. Sie sehen sehr merkwürdig aus, mit einem runden Körper voller Anhängsel. Mit den Brustflossen können sie auf dem Grund "umherlaufen" und der vorderste Dorn der Rückenflosse ähnelt einer "Angel" mit Köder, mit der der Fisch seine Beute anlockt. Sie verbringen die meiste Zeit regungslos auf dem Grund und bewegen nur diesen fadenförmigen Auswuchs, bis ein Fisch in die Nähe kommt. Die Anglerfische können außerdem ihr Maul weit nach außen stülpen, so daß sie ohne weiteres Fische verschlingen, die länger sind als sie selbst.
Trotz ihres abstoßenden Äußeren sind diese Tiere für den Menschen vollkommen harmlos.

145, 146 - Froschfisch (*Antennarius sp.*)

146

147

148

Platycephalidae - Krokodilfische

Grundfische - nachtaktiv - Einzelgänger - Fleischfresser - 5/40 m Tiefe

Im nördlichen Roten Meer trifft man den Krokodilfisch recht häufig, am ehesten an der Südspitze der Sinaihalbinsel. Er lebt flach auf dem Grund liegend, teilweise mit Sand bedeckt und lauert auf seine Beute. Der ganze Körper ist abgeplattet, insbesondere der Kopf. Der vorstehende Unterkiefer läßt ihn noch grimmiger aussehen, aber in Wirklichkeit handelt es sich um ein für den Menschen ungefährliches Tier, bis auf die Stachel vor dem Kiemendeckel, die schmerzhafte Stiche verursachen können, wenn man den Fisch mit bloßen Händen ergreift. Der Krokodilfisch lebt einzeln oder paarweise, manchmal liegt einer faul auf dem anderen. Scheinbar lieben sie auch das Innere von Schiffswracks, wo man sie immer wieder antreffen kann.

147/149 - Krokodilfisch (*Cociella crocodila*)

149

Synodontidae - Eidechsenfisch

Grundfische - tagesaktiv - Einzelgänger - Fleischfresser - 3/20 m

Man nennt ihn so wegen des an ein Reptil erinnernden Kopfes. Sein großes Maul ist dicht mit scharfen Zähnen besetzt. Die Eidechsenfische leben im sandigen oder schlammigen Grund, in den sie sich ganz einwühlen, so daß nur die Augen herausschauen. Wenn eine Garnele oder ein kleiner Fisch in die Nähe kommt, schießen sie plötzlich aus ihrem Versteck hervor und fangen die Beute. Ihre Unbeweglichkeit ist ideal für den Unterwasserfotografen.

150

151

150/152 - Gemeiner Eidechsenfisch (*Synodus variegatus*)

152

153

Holocentridae - Soldatenfische oder Husare

Riff - nachtaktiv - Fleischfresser - 10/50 m Tiefe - nur mit Atemgerät

Diese Fische sind lebhaft rot gefärbt und die großen Augen verraten, daß sie nachtaktiv sind. Tagsüber ziehen sie sich in große Höhlen zurück und in vor dem Licht geschützte Nester. Nachts suchen sie als Nahrung vor allem Krebstiere. Der größte Fisch der Familie ist der Riesensoldat *(Adioryx spinifer)*, der 45 cm lang werden kann und einen Knochendorn vor dem Kiemendeckel trägt. Er lebt allein oder in Gruppen von 5 bis 10 Exemplaren in den tiefen Spalten des Korallenriffs. Neugierig pflegt er dem Taucher entgegenzuschwimmen.

153/155 - Riesensoldat (*Adioryx spinifer*)
156 - Gefleckter Soldatenfisch (*Myripristis murdjan*)

154

155

156

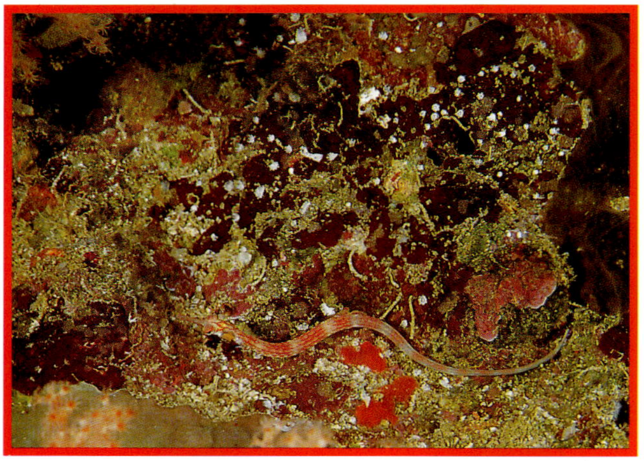

157

158

Syngnathidae - Seenadeln

Riff - tagesaktiv - Einzelgänger - Fleischfresser - 0/30 m Tiefe

Ihrem extrem dünnen und langen Körper verdanken diese Fische ihren Namen. Die gelängte Schnauze ist rohrförmig und den Körper verstärkt eine Reihe von Knochenscheiben. Die Gesamtlänge beträgt in der Regel nicht mehr als 15-20 cm. Die Seenadeln ernähren sich von kleinen Krebsen, die sie zusammen mit dem Wasser durch die rüsselartige Schnauze einsaugen. Die von dem Weibchen gelegten Eier brütet das Männchen in einer speziellen Bauchtasche aus.

157 - Schwarzbrustseenadel *(Corythoichthys nigripectus)*
158, 159 - Schultz's Seenadel *(Corythoichthys schultzi)*

159

Priacanthidae - Großaugenbarsche

Riff - nachtaktiv - Fleischfresser - 10/50 m Tiefe - nur mit Atemgerat

Sie ähneln im Aussehen und in den Gewohnheiten stark den *Holocentridae*, ernähren sich aber überwiegend von Plankton aus Krebstier- und Fischlarven. Ihre glühend rote Farbe kann in Sekundenschnelle verbleichen oder sogar silbergrau werden. Kürzlich hat man den Gewöhnlichen Großaugenbarsch *(Priacanthus Hamrur)* vor der tunesischen Küste gefunden, ein Beweis für seine Einwanderung durch den Suezkanal.

160

161

160/162 - Großaugenbarsch (*Priacanthus hamrur*)

162

163

164

Cirrhitidae - Büschelbarsche

Riff - tagesaktiv - Einzelgänger - Fleischfresser - 2/40 m

Diese kleine Fischfamilie trifft man zwischen den Korallen des Riffs ruhend. Da sie sich überhaupt nicht bewegen, sind sie ein leichtes Ziel für den Unterwasserfotografen. Als Fleischfresser nähren sie sich von Krebstieren und kleinen Fischen. Auch in dieser Familie kommt es zur Geschlechtsumwandlung, erst sind sie Weibchen und mutieren dann nach Bedarf in Männchen. Letztere sind eng an ihr Territorium gebunden, mit einem kleinen "Harem" von Weibchen.

166

167

163 - Langnasenbüschelbarsch (*Oxycirrhites typus*)
164, 166/168 - Forsters Büschelbarsch (*Paracirrhites forsteri*)
165- Feenbüschelbarsch (*Cirrhitichtys oxycephalus*)

165

168

169

170

Apogonidae - Kardinalfische

Riff - nachtaktiv - Einzelgänger - Fleischfresser - 5/50 m Tiefe

Der Name dieser Fische bezieht sich auf ihre Rotfärbung, auch wenn es Arten gibt, die braun, schwarz oder gelb gefärbt sind. Die meisten von ihnen verstecken sich den ganzen Tag über in Höhlungen und kommen nur nachts zum Vorschein, um tierisches Plankton oder kleine Krebstiere zu fressen, die in Grundnähe leben. Viele Kardinalfische leben als Einzelgänger, andere dagegen bewegen sich paarweise oder in kleinen Gruppen. Auch gibt es kleine, halbtransparente Arten, die am Riffdach enorme Fischbänke bilden.
Ausgefallen sind die Brütmethoden des Männchens. Kaum daß das Weibchen sie gelegt hat, befruchtet es viele hunderte von Eiern und sammelt sie in seiner Mundhöhlung ein, wo sie bis zum Ausschlüpfen bleiben.

169 - Großzahn-Kardinalbarsch (*Cheilodipterus macrodon*)
170 - Kardinalbarsch (*Apogon sp.*)
171 - Goldener Kardinalfisch (*Apogon aureus*)

171

Ostraciidae - Kofferfische

Riff - tagesaktiv - Einzelgänger - Allesfresser - 5/25 m Tiefe

So heißen diese grotesken Fische wegen ihrer kräftigen Körperform aus Knochenplatten. Wegen ihres Gewichtes schwimmen sie nur langsam, mit Hilfe der Afterflossen und der Rückenflossen; die Schwanzflosse benutzen sie nur zur Flucht. Ihre Nahrung finden sie unter den Tieren und Pflanzen, die auf der Madrepora aufsitzen. Einige Arten der Kofferfische sondern giftige Toxine ab, wenn sie sich bedrängt fühlen. Dieses Gift kann für andere Fische tödlich sein, aber auch für den Kofferfisch selbst, wenn er von wenig Wasser umgeben ist.

172

173

172 - Eckiger Kofferfisch (Jungtier) (*Ostracion cubicus*)
173, 174 - Eckiger Kofferfisch (Erwachsenes Tier) (*Ostracion cubicus*)

174

175

Tetraodontidae - Kugelfische

Riff - tagesaktiv - Einzelgänger - Allesfresser - 5/25 m Tiefe

Die Kugelfische heißen so, weil sie sich wie ein Ball "aufblasen" können, wenn sie bedroht werden. Sie verfügen am Magen über eine dehnbare Hautfalte, die sie bei Gefahr mit Wasser vollpumpen, wodurch sie sich stark vergrößern. Außerdem produzieren sie ein Toxin, das in ihrem Gewebe festsitzt. Auch kleine Mengen ihres Fleisches können tödlich sein. Dennoch wird im Orient ein hoch geschätztes Gericht aus ihnen gekocht, das sich Fugu nennt. Nur wenige Spezialisten wissen, wie man es zubereitet.

175, 176 - Maskenkugelfisch (*Arothron diadematus*)

176

Diodontidae - Igelfische

Riff - nachtaktiv - Einzelgänger - Fleischfresser - 5/25 m Tiefe

Auch diese Arten können sich wie die Kugelfische aufblasen, verfügen aber außerdem am ganzen Körper über Stacheln, die bei Gefahr, wenn der Fisch sich aufpumpt, senkrecht vom Körper abstehen und die Feinde abschrecken. Im Maul tragen die Igelfische kräftige Zahnplatten, mit denen sie Muscheln, Krebse und Seeigel zermalmen und fressen können. Die meisten Arten sind nachtaktiv und verbergen sich tagsüber in Spalten und Höhlungen.

177 - Rotmeerigelfisch (*Chilomycterus spilostylus*)
178 - Igelfisch (*Diodon hystrix*)

177

178

PORIFERA - SCHWÄMME

Wenn von den Schwämmen die Rede ist, denkt jedermann sofort an die normalen Badeschwämme, aber in Wirklichkeit gibt es zahlreiche Arten, mit ganz verschiedenen Formen und Farben und anderer Konsistenz, so daß es für den Neuling unmöglich ist, sie zu erkennen. Sie unter Wasser zu klassifizieren, ist nicht einfach, denn oftmals braucht es ein Mikroskop, um die Kalk- oder Kieselnadeln oder Skleren zu betrachten, aus denen das Skelett aufgebaut ist. Die hier abgebildeten Schwämme trifft man mit Leichtigkeit im Roten Meer an. Sie gehören alle zu den *Demospongiae*, d.h. Schwämme mit Kieselnadeln in einer Schwammstruktur aus Sponginfasern. Bis zum 18.Jahrhundert glaubte man, die Schwämme seien Pflanzen und nicht Tiere, in der Tat sind sie aber niedrige Tiere, bei denen es keine eindeutige Differenzierung zwischen Gewebe und Organ gibt.

179 - *Leucetta chagosensis*
180 - Pracht-Feuerschwamm (*Latrunculia corticata*)
181 - Syphon-Schwamm (*Siphonochalina siphonella*)
182 - *Grayella cyathophora*

179

180

181

182

183

CNIDARIA - NESSELTIERE

Zu dieser Gruppe gehört jene Unzahl von Tieren, deren Grundform der Polyp ist, kleine, kelchförmige Lebewesen, deren Fuß festsitzt und deren oberes, mundförmiges Ende von einem Kranz nesselnder Tentakeln umgeben ist. Diese Polypen gibt es einzeln, wie bei den Aktinien, oder als große Kolonien. Der Polyp kann auch die Form einer Meduse annehmen, die frei im Wasser treibt oder die beiden Erscheinungsformen entstehen im Wechsel, der festsitzende Polyp bringt ungeschlechtlich eine freie Meduse hervor, die auf geschlechtliche Weise Polype erzeugt, die sich festsetzen.

183, 184, 188 - Netz-Feuerkoralle (*Millepora dichotoma*)

184

Hydrozoa

Im Roten Meer trifft man überall Hydrozoen an. Die bekanntesten, harten Formen sind die "Feuerkorallen", die an vielen Stellen des Korallenriffs dominieren.
Zwei sind die wichtigsten Arten: *Millepora dichotoma* wächst astförmig und ist braungelblich gefärbt, mit weißen Spitzen; *Millepora platyphylla* bildet dagegen eine gewellte, vertikale Struktur mit weißlichem oberem Rand. Beide Arten werden mit Madrepora verwechselt, sind aber in Wirklichkeit Hydrozoen mit stark nesselnden Zellen, die bei Hautkontakt schmerzhafte "Verbrennungen" verursachen. Eine andere Art kann man in den Vertiefungen und Spalten finden, vor allem dort, wo heftiger Wellengang herscht. Es handelt sich um die wunderschöne *Distichopora violacea*, die kleine Kolonien von einem intensiven blauviolett bildet; auch ihre Spitzen sind weißlich.
Ein ganz anderes Erscheinungsbild haben dagegen federige Formen, die biegsamen, Pflänzchen ähneln und ebenfalls unangenehm nesseln. Die bekannteste Art des Roten Meeres nennt sich *Lytocarpus philippinus*.

185

186

187

185 - Netz-Feuerkoralle, Detail der nesselnden Polypen (*Millepora dichotoma*)
186 - Platten-Feuerkoralle (*Millepora platyphylla*)
187 - *Distichopora violacea*
189 - Philippinenmoos (*Lytocarpus philippinus*)

188

189

Scyphozoa - Schirmquallen

Die Schirmquallen gehören zu den ungeliebtesten Meerestieren, weil einige Arten sehr stark nesseln. In Wirklichkeit handelt es sich um wunderschöne, zarte Lebewesen, mit einem raffinierten Mechanismus zum Nahrungsgewinn. Sie treiben mit den Meeresströmungen oder schwimmen langsam durch das rhythmische Zusammenziehen ihres Schirmes, an dem lange Randlappen mit Nesselzellen (Nematocysten) hängen. Beim leichtesten Kontakt mit diesen Fäden wird das lähmende Gift verspritzt und die davon betäubten Planktonorganismen und kleinen Fische, die an der Oberfläche schwimmen, geraten zur Beute der Qualle. Weit verbreitet im Roten Meer ist die Ohrenqualle (*Aurelia aurita*), eine für den Menschen ungefährliche Art, mit einem ziemlich flachen Schirm. Zuweilen treten sie in großen Mengen auf.
Besonders eigentümlich ist die *Cassiopea andromeda*, die Qualle "mit dem Kopf nach unten", deren Schirm zum Meeresgrund gerichtet ist, während die Tentakeln darüber fluktuieren. Auf flachem Sandgrund ist sie leicht auszumachen, wo sie schnell zu einem schmackhaften Bissen für die Seeschildkröten werden kann.

190, 192 - Ohrenqualle (*Aurelia aurita*)
191 - Andromeda-Qualle (*Cassiopea andromeda*)

190

191

192

193

Anthozoa - ***Octocorallia***

Alle Arten dieser Gruppe besitzen acht Tentakeln und bilden immer Kolonien.

GORGONIEN

Diese Polypenkolonien wachsen zu großen Fächern, die senkrecht zur Strömung stehen, damit sie so viel Plankton wie möglich einfangen. Dank ihrer bizarren Zweigform und der lebhaften Farben, ziehen sie die Taucher magisch an. Ihr Skelett, von einigen Ausnahmen abgesehen, ist aus Horn und ziemlich elastisch. Sie sitzen am Korallenriff fest, im allgemeinen an den abfallenden Wänden und in den Durchgangshöhlen, wo Strömungen vorbeiführen.
Die Gorgonie *Subergorgia hicksoni* ist mit mehr als zwei Metern Spannweite die größte von allen und wächst, wo die Strömung relativ stark ist. Sie bieten ihrerseits den Haarsternen und einigen Muscheln Halt.
Aqabaria splendens ist eine gelbe, stark verzweigte Gorgonie, nicht übermäßig groß, die nur in stillem Wasser lebt.
Ausgefallen in der Form ist auch die Peitschenkoralle (*Juncella juncea*), eine fadenförmige Gorgonie, die in großer Tiefe wächst, meistens auf hartem Untergrund. Das obere Ende der "Peitsche" ist leicht gebogen.

194

195

196

193 - Hicksons Riesenfächer *(Subergorgia hicksoni)*
194, 196, 198 - *Aqabaria sp.*
195 - Gorgonie
197 - *Juncella juncea*

197

198

199

200

ALCYONACEA - LEDERKORALLEN

Ein guter Anteil an der atemberaubenden Schönheit des Roten Meeres ist den reichlich vorhandenen Lederkorallen zu verdanken, die in gewissen Gebieten mit den Steinkorallen rivalisieren und große Teile des Riffs bedecken. Die verschiedenen Familien haben eine so unterschiedliche Form, daß es schwerfällt zu glauben, sie seien miteinander verwandt, von traubenförmig angesiedelten farbigen "Blumen" bis zu gummiartigen grauen Tieren kommt alles vor. Ihre Polypen haben acht kleine Tentakeln und sie ernähren sich vom Plankton, das die Meeresströmung vorüberschwemmt. Der Polyp kann sich bei gewissen Arten in die fleischige Masse, die den Körper der Koralle bildet, zurückziehen. Kleine Kalknadeln stützen diesen Körper.

Die meistfotografierten Lederkorallen gehören zu verschiedenen Arten von *Dendronephtya*. Sie haben Zweigform mit durchscheinendem Körper, in dem man sehr gut die kleinen Nadeln aus Kalk erkennt. Die Färbung variiert von rosa bis dunkelrot, von gelb bis blau und von orange bis violett. Ähnlich in der Form aber nicht durchscheinend und von gleichmäßiger weißgelblicher Färbung ist *Lithophyton arboreum*, eine sehr verbreitete Art, die den Kleinen Riffbarschen als Zuflucht dient.

Einem grau-grünen Schwamm ähnelt *Sarcophyton trocheliophorum*, doch wenn seine kleinen Polypen ihre Tentakeln ausgestrecht haben, wirkt er weiß.

201

202

203

204

205

206

207

199/202 - *Sarcophyton trocheliophorum*
203, 204 - *Sarcophyton sp.*
205 - Brokkoli-Koralle (*Lithophyton arboreum*)
206, 207 - Straußenfeder-Koralle (*Xeniidae*)
208 - Orgelkoralle (*Tubipora musica*)

208

209

210

209/213 - Lederkorallen
(*Dendronephthya sp.*)

211

212

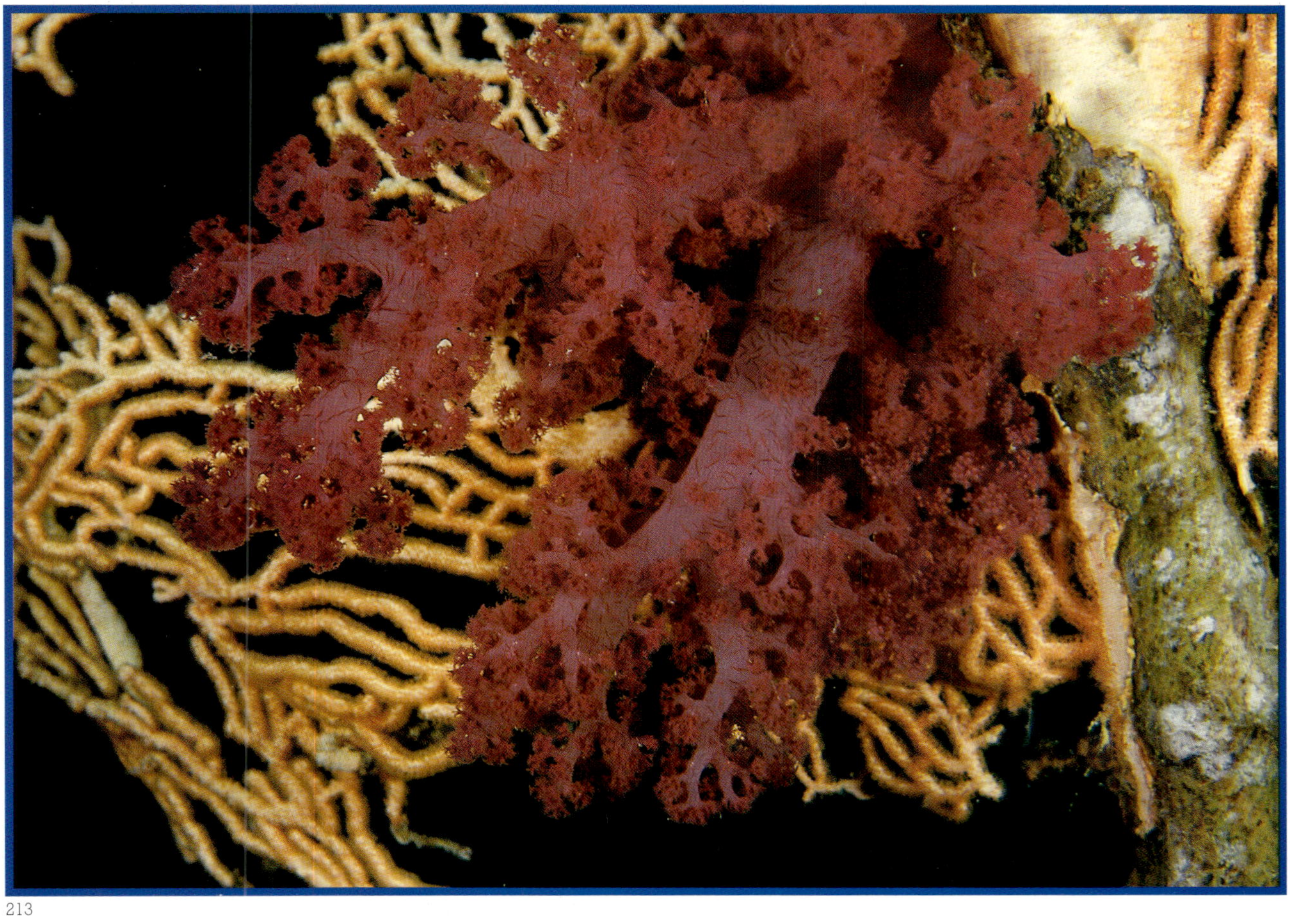

213

214

215

216

217

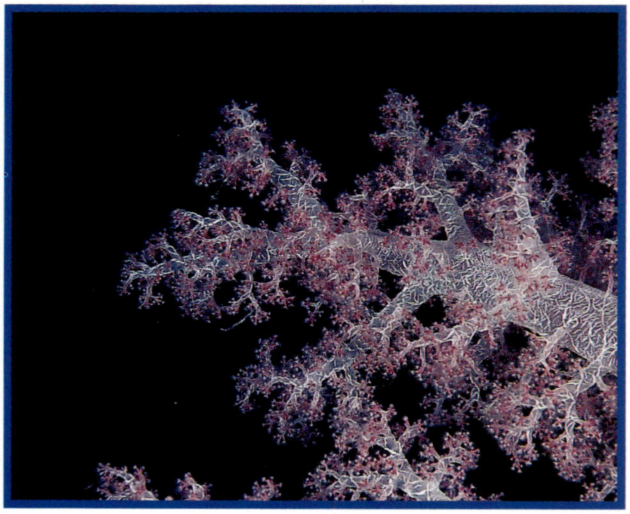

218

214/220 - Lederkorallen (*Dendronephthya sp.*)

219

220

Hexacorallia

Das wichtigste Merkmal dieser Gruppe ist die Anzahl der Tentakeln, die immer sechs sind oder ein Vielfaches von sechs. Es gibt einzelstehende Formen und Kolonien.

MADREPORA

Die Madrepora oder Steinkorallen sind das wichtigste Element des Korallenbaus, die Mehrzahl von ihnen bildet Kolonien, deren Polypen mit sechs oder einer Vielzahl von sechs Tentakeln versehen sind. Jeder Polyp sondert Kalziumkarbonat ab, das die Struktur der Kolonie anwachsen läßt. Die Polypen ernähren sich von tierischem Plankton und von Zooxanthellen, die in Symbiose mit den Madrepora leben, hauptsächliche Verursacher der wunderschönen Färbung, die man fälschlicherweise den Madrepora selbst zuschreibt.
Die Gestalten und Ausformungen der Steinkorallen sind von einem unvorstellbaren Reichtum, sie ähneln vielfach verzweigten Ästen, Türmen und Monolythen, Anhäufungen von Kugeln, schlangenförmig verwickelten Labyrinthen, weiten pilzförmigen Dächern und noch vielen anderen Formen. Die Madrepora bieten einem Großteil der Fauna des Korallenriffs mit ihren verzweigten und starren Strukturen sichere Zuflucht vor Raubfischen.

Zu den vielfältigsten Steinkorallen mit dem besten Schutz für Fische zählen die Acropora, deren Färbung wie gesagt oft von den Zooxanthellen abhängt, mit rosa und violetten Farbtönen. Sie zählen zu den in allen tropischen Meeren am stärksten verbreiteten Madrepora.
Regelrechte harte Felsen von grandiosen Ausmaßen bilden die *Porites*, die in ihrem Inneren oft Ringelwürmer und Muscheln beherbergen.
Die Oberfläche der Art *Pachyseris* überzieht eine unendliche Menge kleiner Furchen, so als sei die Madrepora "gekämmt" worden.
Die Art *Favites* heißt nach ihrer Struktur in der Form eines Bienenstocks.
Außer einigen Arten, die aber nur aus wenigen Polypen bestehen, wachsen die Polypen der Art *Fungia* nicht in Kolonien, sondern einzeln. Ihr Name rührt von ihren zahlreichen Scheidewänden her, die an die Lamellen von Pilzen erinnern.
Fungia repanda ist scheibenförmig und oft glauben tauchende Neulinge, daß es sich um eine tote Madrepora handelt, weil tagsüber jede Spur von Tentakeln fehlt. Nur in der Nacht kommen diese zwischen den Lamellen hervor, um Plankton einzufangen.
Wie wunderschöne Blumen sehen die gelben oder rosa Madrepora der Art *Dendrophyllia* aus, die tagsüber ihren Tentakelkranz ins Innere des Polyps zurückziehen. Häufig sieht man sie an den Wölbungen dunkler Höhlen, in ziemlicher Tiefe.

221

221 - Dornige Reihenkoralle (*Seriatopora hystrix*)
222 - *Pocillopora sp.*
223/225 - Hirschhorn-Koralle (*Acropora sp.*)
226 - *Gardineroseris sp.*
227, 228 - Rinnenkoralle (*Pachyseris sp.*)
229 - Rasenkoralle (*Galaxea fascicularis*)
230, 231 - Diskus-Koralle (*Fungia sp.*)
232 - Diskus-Koralle mit den Tentakeln, die nachts zwischen den Scheidewänden aus Kalk hervorkommen (*Fungia sp.*)
233 - Berg-Koralle (*Porites sp.*)
234 - Mosaik-Koralle (*Favites sp.*)
235 - *Diploastrea heliopora*

222

223

224

225

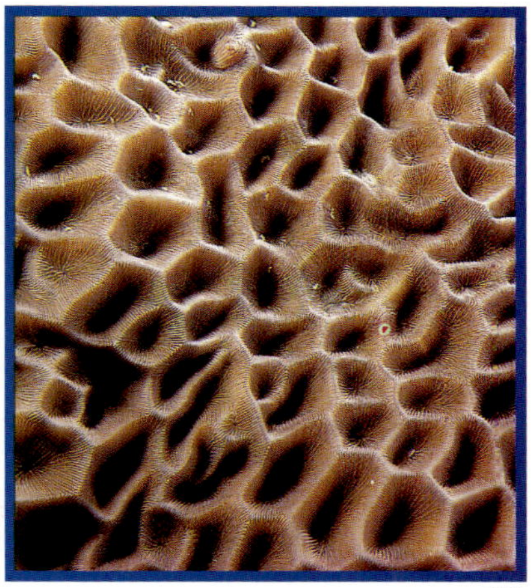
226

227

228

229

230

231

232

233

234

235

236

237

236, 237 - Diskus-Koralle (*Fungia sp.*)
238 - Rote Zäpfchenkoralle
(*Dendrophyllia sp.*)
239 - *Tubastrea sp.*

238

239

240

AKTINIEN - SEEANEMONEN

Viele Arten gehören zu dieser Gruppe, allesamt einzeln stehend, ohne Skelett. Sie sind Fleischfresser und benutzen die Nesselzellen an ihren Tentakeln, um kleine Fische und Krebstiere einzufangen. Nach der vom Gift bewirkten Lähmung verschlingen sie sie mit dem zwischen den Tentakeln sitzenden Schlund.
Die häufigste Seeanemone des Roten Meeres heißt *Gyrostoma helianthus* und lebt in einer Tiefe von 0 bis 40 Metern. Sie erreicht eine erstaunliche Größe und beherbergt fast immer ein Pärchen Anemonenfische (*Amphiprion bicintus*), die wegen einer schützenden Schleimschicht gegen das Gift der Anemone immun sind. Der untere Teil dieser Aktinie hat eine sehr lebhafte Färbung, die von rosa bis scharlachrot variiert.

240, 241 - Seeanemonen *(Actiniaria)* - Familie: *Stoicactidae*

241

ANELLIDA - RINGELWÜRMER

Zu dieser Klasse gehören einige tausend Arten, die in zwei Hauptgruppen unterteilt werden, bewegliche und am Grund festsitzende Arten. Erstere sind wurmförmig und tragen an jedem Segment einen kleinen Borstenbüschel, der z.B. bei der Art *Hermodice carunculata* durch Berührung einen stechenden Schmerz verursacht. Die festsitzenden Arten haben ein völlig anderes Aussehen, sie erinnern an kleine Blumen oder Federbüschel. Sie leben im Inneren eines am Untergrund klebenden Röhrchens, das aus ihren Sekretionen entsteht und das manchmal völlig im Kalk der Madreporen verschwindet. Mit ihren gut sichtbaren und manchmal farbenfrohen Kiemenbüscheln filtern sie das Wasser und halten das Plankton fest. Wenn sie sich gestört fühlen, verschwinden sie ruckartig in ihrem Röhrchen.

242

243

242, 243 - Bunter Spiralröhrenwurm *(Spirobranchus giganteus)*
244 - Feuerwurm *(Hermodice carunculata)*
245 - Federwurm *(Sabellastarte sanctijosephi)*

244

245

CRUSTACEA - KREBSE

Die meisten tragen einen kräftigen Chitinpanzer, der nicht mitwachsen kann. Deshalb sind die Tiere gezwungen, den alten Panzer abzulegen, wenn der neue nachgewachsen ist, ein für sie besonders kritischer Zeitpunkt, weil der neue Panzer zunächst nicht hart genug ist, um sie wirksam gegen Angriffe zu schützen. Bei den meisten Krebsen sind die Geschlechter getrennt und die Befruchtung erfolgt im Inneren ihrer Körper. Im Lebenszyklus einiger Zwitter kommt es zur Geschlechtsumwandlung, weil die weiblichen und männlichen Geschlechtsorgane zu verschiedener Zeit reproduktionsfähig werden. Im Roten Meer leben verschiedene Langustenarten, die man, bei nächtlichen Tauchgängen im flachen Wasser sieht. *Panulirus versicolor* ist eine der größten Arten, mit lebhaften grünen und weißen Streifen und rosa und blauen Mustern. Der Einsiedlerkrebs hat einen weichen, ungeschützten Hinterleib und muß sich deshalb eine verlassenes Schneckengehäuse oder Muschelschalen suchen, in denen er sich dann niederläßt. Die Art *Dardanus tinctor* beherbergt auf dem Gehäuse häufig mehrere Seeanemonen, deren Nesselzellen ihn zusätzlich vor seinen Feinden abschirmen.

PUTZERKREBSE

Die wunderschönen Krebse Stenopus hispidus *werden wegen ihrer attraktiven weißen und roten Streifen von den Tauchern sehr oft fotografiert. Diese kleinformatigen Tiere ernähren sich von den Parasiten, die Fische und andere Krebstiere quälen. Für diese Ernährungsstrategie unterhält der* Stenopus *regelrechte "Reinigungssalons" - so wie auch einige Fischarten - wo er die meiste Zeit damit zubringt, seine langen weißen Antennen in Erwartung von "Kunden" hin- und herzubewegen. Sowie tatsächlich einer näher kommt, berührt ihn zunächst das Krebschen mit den Antennen, um ihn zu beruhigen und seine Agressivität zu dämpfen, dann beginnt es mit der Ausmerzung von Parasiten von der Außenhaut, in den Kiemen und im Maul. Normalerweise bilden diese Krebse ein Paar, das das ganze Leben über zusammenbleibt.*

246 - Languste (*Panulirus versicolor*)
247 - Schmarotzerrosen-Einsiedler (*Dardanus tinctor*)

248 - Rotweiße Scherengarnele (Putzerkrebs) (*Stenopus hispidus*)

246

247

248

MOLLUSCA - WEICHTIERE

Die Schönheit der Muscheln läßt niemanden unberührt. Bei wenigen anderen Arten wußte die Natur einen so großen Formen - und Farbenreichtum zu erfinden. Noch dazu haben sie oftmals einen so starken Glanz, daß sie wie wertvoller Schmuck wirken. Daher sind sie bei Sammlern sehr begehrt, doch bedenke man, daß es sich stets um Lebewesen handelt, die man nirgends im Roten Meer mitnehmen darf.
Unter den verschiedenen Klassen unterscheidet man die *Gastropoda* oder Schnecken mit einer meist spiraligen Schale, oder Schalenlose (*Nudibranchia*) und die *Bivalvia*, Muscheln, deren Schalen zwei Klappen hat.

Gastropoda - ***Prosobranchia (Schnecken)***

Die *Prosobranchia* sind zum Teil Pflanzenfresser und zum Teil Fleischfresser, die lebendige Beute jagen oder sich von toten Tieren ernähren. Beide Gruppen benutzen die Radula (Reibeplatte) zum fressen, eine Art Chitinplatte mit Zähnen, mit der die Fleischfresser die Schale von anderen Muscheln durchstoßen können, während die Pflanzenfresser damit die Algen wegkratzen, von denen sie sich ernähren. Zu den schönsten Gastropoden zählen die Porzellanschnecken mit einem hochglänzenden ovalen Gehäuse. Die bekannteste Art nennt sich *Cypraea pantherina*, die wie mehrere andere Schnecken nachtaktiv ist.
Sehr schön sind auch die Kegelschnecken, die man aber nur betrachten und nicht berühren sollte, denn einige Arten wie *Conus textile* können einen Giftpfeil abschießen, der bei einigen Muschelsammlern sogar den Tod verursacht hat.

249 - Gobelin-Turban (*Turbo petholatus*)
250 - *Trochus dentatus*
251, 252 - Pantherschnecke (*Cypraea pantherina*)
253 - *Terebra maculata*
254 - Textil-Kegel (*Conus textile*)

249

250

251

252

253

254

Gastropoda - *Opisthobranchia*

NACKTKIEMER

Diese Weichtiere ohne Schale sehen aus wie kleine Nacktschnecken; mit ihren lebhaften Farben sind sie ein beliebtes Motiv der Unterwasserfotografen. Dieses auffallende Erscheinungsbild soll ihre natürlichen Feinde darauf hinweisen, daß sie nicht genießbar sind. Zu ihrem Schutz haben sie verschiedene Strategien entwickelt. Einige Arten besitzen besondere Drüsen, aus denen sie abstoßende Substanzen absondern, andere sind in der Lage in ihrem Gewebe die Nesselzellen der Hydrozoen, von denen sie sich ernähren aufzubewahren, und werden deshalb selbst nesselnd, noch andere panzern ihre Außenhaut mit Kalk- oder Kieselnadeln, die sie aus den von ihnen verzehrten Schwämmen gewinnen. Wer sich bei Nacht zu einem Tauchgang auf den sandigen Meeresgrund aufmacht, kann die wunderschöne "Spanische Tänzerin" (*Hexabranchus sanguineus*), ein großer, leuchtendroter Nacktkiemer von etwa 15 cm Länge bewundern, der mit eleganten Verdrehungen wie eine Tänzerin schwimmt.

255, 256 - Spanische Tänzerin (*Hexabranchus sanguineus*)
257 - Blaue Pralinenschnecke (*Phyllidia sp.*)
258, 259 - Pijamaschnecke (*Chromodoris quadricolor*)
260 - *Halgerda willeyi*

255

256

257

258

259

260

TRIDACNA

Wer in flachem Wasser schwimmt, wird manchmal von einer seltsamen Muschel mit welligen, nach oben gerichteten Rändern angezogen, zwischen denen der lebhaft gefärbte Mantel des Tieres hervorquillt. Diese Farben, von braun bis grün und von türkis bis gelb werden durch mikroskopische Algen (Zooxanthellae) verursacht, die die Muschel selbst "aufzieht", um dann einen Teil von ihnen wieder zu verzehren.
Die Engländer nennen diese Muscheln Killer Clams, weil die größten Arten des Indischen Ozeans, die bis zu 250 kg schwer werden können, Perlentaucher festgehalten und zum Ertrinken gebracht haben sollen, die aus Versehen den Fuß in eine dieser offenen Muscheln gesetzt hatten.

Bivalvia - Muscheln

Die beiden Klappen der Schale verbindet ein elastisches Band, das die Funktion eines Scharniers hat. Das Tier verfügt über kräftige Adduktormuskeln, so daß auch zwei kräftige Hände nicht in der Lage sind, die Klappen zu öffnen. Kraken und Seesterne dagegen verstehen es oftmals, über diesen Widerstand Herr zu werden.
Die Muscheln leben alle in der Nähe des Meeresgrundes, im Sand eingegraben, an hartem Untergrund festsitzend oder heften sich auch an die Gorgonien. Die meisten filtern das Meerwasser mit Hilfe von zwei Siphonen, einer saugt das Wasser an, der andere stößt es wieder aus, nachdem die Kiemen das Plankton herausgesiebt haben.

261, 264, 266 - Schuppige Riesenmuschel (*Tridacna maxima*)
262 - Irisierende Kamm-Muschel (*Pedum spondylium*)
263 - *Lopha cristagalli*
265 - *Spondylus sp.*

261

262

263

264

265

266

267

268

269

270

ECHINODERMATA-STACHELHÄUTER

Zu dieser Gruppe zählen Tiere mit stark voneinander abweichendem Äußeren, aber gemeinsamen Merkmalen, wie die fünfstrahlige Symmetrie, die in den See-, Haar- und Schlangensternen besonders eindeutig ist. Das Skelett in der Unterhaut besteht aus Kalkplatten. Die Geschlechter der Stachelhäuter sind im allgemeinen getrennt, auch wenn es unter ihnen zwittrige Arten gibt.

Crinoidea - Haarsterne

Die feingliedrigen Haarsterne sind oft lebhaft gefärbt, von ihrem kleinen Zentralkörper gehen die behaarten Arme aus, die leicht abbrechen, aber auch schnell nachwachsen. Auf der Unterseite tragen sie kurze Wimpern, mit denen sie sich festhalten und umherwandern. Als typische Nachttiere verstecken sie sich tagsüber in den Spalten des Riffs und rollen sich ein. Nachts verlassen sie ihren Zufluchtsort, erklettern die erhöhten Stellen des Riffs oder der Gorgonien, um aus der Strömung das Plankton zurückzuhalten.

267/271, 274 - Federsterne (*Crinoidea*)

271

Ophiuroidea - Schlangensterne

Die Schlangensterne ähneln den normalen Seesternen, haben aber einen scheibenförmigen kleinen Körper, an dem die dünnen, geschlängelten Arme ansitzen. Einige Arten sind glatt, andere verfügen über zahlreiche, sehr scharfe Spitzen, die sich leicht ins Fleisch bohren, wenn man sie berührt. Die *Ophiuroidea* leben normalerweise in Spalten unter den Madrepora verborgen oder um Gorgonien und Schwämme geschlungen und sind nachtaktiv.
Die Art *Astroboa nuda* ist wesentlich größer als die anderen Sterne und von ungewöhnlicher Form. Man trifft ihn fast nur nachts an, wenn er an den den Strömungen des Meeres ausgesetzten Stellen emporklettert. Dort breitet er die verzweigten langen Arme mit vielen Wimpern aus, mit denen er seine Beute einfängt. Er kann einen Durchmesser von einem Meter erreichen. Wenn man ihn plötzlich anleuchtet, zieht er sofort die Arme zurück und rollt sich ein, so daß er wie ein verwickelter Korb von nur 20 cm Durchmesser aussieht.

272 - Gorgonenhaupt (*Astroboa nuda*)
273 - Purpur-Haarstern (*Ophiothrix purpurea*)

272

273

274

DORNENKRONE

Es gibt einen Seestern, der sich Dornenkrone (Acanthaster planci) nennt, weil seine Oberfläche von einer großen Anzahl von Stacheln bedeckt ist, deren Stich sehr schmerzhaft ist und unangenehme Entzündungen verursachen kann. Dieser Seestern frißt die Polypen der Madrepora, hat aber seinerseits wenig Feinde, die wichtigste ist eine große Schnecke, Charonia tritonis, die aber nicht sehr häufig vorkommt. Vor einigen Jahren kam es auf der großen Korallenbarriere Australiens zu einer maßlosen Vermehrung der Dornenkrone, die große Teile des Riffs abtötete. Völlig sinnlos ist es, den Seestern unter Wasser zu zerstückeln, denn aus jedem Abschnitt bildet sich, wie in einem Horrorfilm, ein neuer Seestern.

Asteroidea - Seesterne

Die Seesterne sind Fleischfresser und einige Arten erbeuten eine große Menge von Muscheln, indem sie sich auf den Schalen festsetzen und mit den Armen die Schalenhälften auseinanderpressen. Dann stülpt der Seestern durch die Mundöffnung den Magen nach außen und verdaut das Innere der Muschel an Ort und Stelle.
Viele Seesternarten besitzen eine unglaubliche Fähigkeit zur Regeneration, nicht nur ganze Arme, auch Teile ihres Körpers wachsen nach. *Linckia multifora* ist eine Art, die sich durch Teilung geschlechtlos reproduziert, jede Körperhälfte bildet dann die fehlenden Teile neu. Die Seesterne in "Kometenform", die man zuweilen sieht, sind nichts anderes als ein Seesternarm, der sich gerade zu einem neuen, vollständigen Seestern regeneriert.

275 - Walzenstern (*Choriaster granulosus*)
276 - Roter Maschenstern (*Fromia monilis*)
277 - *Fromia sp.*
278 - Kometenstern (*Linckia multifora*)

279 - Ägypter-Seestern (*Gomophia egyptiaca*)
280/282 - Dornenkrone (*Acanthaster planci*)

275

276

277

278

279

280

281

282

283

Echinoidea - Seeigel

Diese Stachelhäuter sind normalerweise rund, auch wenn es einige scheibenförmige Arten gibt, wie z.B. diejenigen, die unter einer Sandschicht leben. Der Körper steckt in einem festen Panzer, der von Dornen und beweglichen Stacheln übersät ist. Der von fünf kräftigen Zähnen umgebene Mund öffnet sich nach unten, so daß das Tier die Algen und Ablagerungen fressen kann, von denen es sich ernährt.

Der verbreitetste Seeigel ist der Diademseeigel (*Diadema setosum*), mit langen spröden Stacheln, der vor allem nachts auf den Plan tritt. Gefährlich wegen seiner mit Gift gefüllten weißen Ampullen an den Spitzen der Stacheln ist der rote Stecknadelkopf-Seeigel (*Asthenosoma varium*). Der *Heterocentrotus mammillatus* besitzt gedrungene, dreieckige Stacheln und lebt in flachem Wasser: der Wellengang kann seinen kräftigen Stacheln nichts anhaben. Früher wurden die Stacheln als Griffel für die Schultafeln benutzt.

283, 285, 286 - Diademseeigel (*Diadema setosum*)
284 - Stecknadelkopf-Seeigel (*Asthenosoma varium*)
287 - Variabler Griffelseeigel (*Heterocentrotus mammillatus*)
288 - Pfaffenhutseeigel (*Tripneustes gratilla*)
289 - Stecknadelkopf-Seeigel, Detail der mit Gift gefüllten Ampullen (*Asthenosoma varium*)

284

285

286

287

288

289

290

Holothurioidea - Seegurken

Sie sind Stachelhäuter von länglicher Form, so ähnlich wie eine große Gurke, und leben auf dem sandigen oder kiesigen Meeresgrund. Um den Schlund haben sie einen Kranz von Tentakeln, mit denen sie sich die Nahrung zuführen. Einige Arten "filtern" das Wasser, aber die meisten schaufeln ständig große Mengen von Korallensand in sich hinein, aus dem sie das für ihre Ernährung notwendige organische Material gewinnen. Man hat berechnet, daß die auf einem Hektar verteilten Seegurken in einem Jahr 150 Tonnen Sand bewegen. Eine ihrer bizarren Verteidigungsstrategien besteht darin, daß sie ihre gesamten Eingeweide nach außen schleudern, die sich danach in wenigen Monaten regenerieren. Sie können auch eine Menge weißer Fäden ausspucken, die sich bei Wasserkontakt verfestigen und unangenehm klebrig werden.

290, 291 - *Thelenota ananas*
292 - Strichel-Seegurke *(Bohadschia graeffei)*
293 - Zipfel-Seegurke *(Opheodesma grisea)*
294 - Rundkopfdelphin *(Grampus griseus)*

291

292

293

294

CETACEA - WALE

Trotz ihrer Ähnlichkeit mit den Fischen sind die Delphine Säugetiere. Vor etwa 55 Millionen Jahren begann ein Evolutionsprozeß, durch den sie sich von kleinen Vierfüßern des Landes in hochentwickelte, intelligente Wassertiere verwandelten. Die häufigsten Delphine des Roten Meeres sind die Großtümmler (*Tursiops*),die Streifendelphine (*Stenella*) und die Rundkopfdelphine (*Grampus*).
Die Großtümmler sind ziemlich mächtige Delphine, etwa 3 Meter lang, deren graue Farbe auf dem Rücken dunkler ist. Als große Schwimmkünstler können sie bis zu 30 km/h erreichen, manchmal sogar mehr. Wie die anderen Meeressäugetiere müssen sie zum Atemholen an die Oberfläche, können aber bis zu acht Minuten unter Wasser bleiben. Der Tümmler ernährt sich vor allem von Fischen, aber er paßt sich auch an Tintenfische, Kalmare, Kraken und Krebse an. Das Herdenverhalten dieser Säuger und ihre Verständigung durch Töne sind vom Menschen intensiv untersucht worden.
Der Großtümmler findet sich in der ganzen Welt und auch das große Publikum kennt ihn, weil er in allen Delphinaquarien anzutreffen ist.

295 - Streifendelphin (*Stenella sp.*)
296 - Großtümmler (*Tursicps truncatus*)

295

296

297

CHELONIDEA - SEESCHILDKRÖTEN

Zu den erregendsten Begegnungen unter Wasser zählt sicherlich die mit einer Seeschildkröte. In der Natur haben sie wenige Feinde, außer Haifischen wie dem Tigerhai, der den Schild mit seinen schrecklichen Kiefern zermalmen kann. Leider hat der Mensch diese Tiere schon immer erbarmungslos gejagt, ihres Fleisches wegen und um Schildpatt und Öl zu gewinnen. Letzteres findet in Schönheitscremen Verwendung und zur Heilung von Lungenkrankheiten. Heute stehen die Meeresschildkröten unter Naturschutz, weil sie vom Aussterben bedroht sind.

Zusammen mit wenigen anderen Reptilien haben sie sich im Verlauf der Evolution an die Lebensbedingungen des Meeres angepaßt. Dieser lange und komplizierte Prozeß hat zu anatomischen und physiologischen Veränderungen geführt, die es den Seeschildkröten erlauben, ständig im Wasser

297 - Die typische Spuren der Seeschildkröte, die sie im Sand hinterläßt, wenn sie zur Eiablage an den Strand kommt

298/300 - Echte Karettschildkröte (*Eretmochelis imbricata*)

298

zu leben. Nur die Weibchen müssen zur Eiablage im Strandsand das Meer verlassen. Besonders faszinierend an diesen Reptilien ist ihr Orientierungsvermögen. Die Weibchen kehren stets zur Eiablage an denselben Strand zurück, an dem sie selbst zur Welt kamen und die eben erst ausgeschlüpften Jungen erkennen an den Lichtreflexen, wo sie das schützende Meer finden.
Im Roten Meer gibt es mehrere Arten von Seeschildkröten, die häufigsten sind die Suppenschildkröte (*Chelonia midas*) und die Echte Karettschildkröte (*Eretmochelis imbricata*).

299

300

CORAL WORLD

Sieben Kilometer südlich von Eilat befindet sich im Coral Beach Nature Reserve eine der Hauptattraktionen der Stadt. Der Coral World-Komplex wurde im März 1975 eingeweiht und im Laufe der Jahre ständig ausgebaut.
Gegenwärtig umfaßt er einen im Mai 1982 eröffneten großen Rundbau mit einer Nachbildung des Korallenriffs, drei große Becken, in denen Haifische, Riesenschildkröten und Seeschildkröten Platz finden, ein Aquarium mit einem Meeresmuseum und ein großes Untersee-Observatorium, das bis viereinhalb Meter unter den Meeresspiegel reicht.
Das 1982 angefügte Haifischbecken faßt 800 Kubikmeter Wasser und wird ständig mit frischem Meerwasser versorgt. Durch vier große Fenster kann man die langsam im Becken hin- und herschwimmenden Haie auch von der Seite beobachten. Das benachbarte runde Gebäude ist ein riesiges Aquarium mit 300.000 Liter Wasser, in dem die Korallenbank in allen Einzelheiten getreu nachgebildet ist. Durch zwölf große Fenster kann man die in der Nähe des Riffs lebenden Fische in all ihrer vielfältigen Pracht bewundern. So ziehen wie in einem Stummfilm die tropischen Fische mit ihren bizarren Formen und surrealen Farben vor den Augen der staunenden Besucher vorbei. Die phantastische Unterseewelt setzt sich im Aquarium fort, wo über hundert Fischarten, Schwämme, Korallen und Hunderte von Invertebraten, alle aus dem Golf von Eilat, zu sehen sind. Mit Hilfe eines "Natural Water Flow System" genannten Spezialsystems wird das Wasser direkt aus dem Meer in einen Tank gepumpt, aus dem es aufgrund der Schwerkraft austritt und die dreiundzwanzig Aquarien speist. Auf diese Weise fließt rund um die Uhr auf natürlichem Weg das Plankton ein, das diese Fischarten benötigen. Zum Schluß gelangt man durch eine 100 Meter lange Passage über dem Wasser in das Unterwasser-Observatorium. Da die Korallenbank sehr nahe an der Küste liegt, konnte man dieses Observatorium ganz in Strandnähe bauen.
Die rund 100 Tonnen schwere Eisenkonstruktion liegt viereinhalb Meter unter dem Meeresspiegel. Durch die Kristallfenster können wir - diesmal die echte, nicht die nachgebildete - Korallenbank in all ihrer majestätischen Pracht bewundern. Das Wasser ist immer außergewöhnlich klar, bedingt durch den fast totalen Mangel an Regen, der die Bildung von Sandablagerungen verhindert und das Wachstum der Korallen fördert.

Coral World, das Untersee-Observatorium

Die Zinnenmauern der hoch über dem kobaltblauen Meer auf der Koralleninsel gelegenen Zitadelle der Kreuzfaher

KORALLENINSEL

Knapp eineinhalb Kilometer nach Tabah ragt wie durch einen Zauber aus dem kristallklaren Wasser des Golfes die vom Riff umgebene kleine Granitinsel empor, deren Profil durch den Zinnenkranz einer Kreuzfahrerburg gekennzeichnet wird. Die Araber nannten sie von jeher Jezirat el Faroun, das heißt Insel des Pharao, denn hier befand sich mit Sicherheit im 4. Jahrhundert v. Chr. eine ägyptische Niederlassung. Die Insel wurde mehrmals von Römern und Byzantinern befestigt, und die Kreuzfahrer bauten hier ein Kastell, von dem heute noch die Zinnenmauern zeugen. Der Kreuzritter Renaud de Châtillon, ein Rivale Josaphats, dessen Expedition nach Ofir vermutlich hier in See stach, ließ seine Schiffe auf Kamelrücken durch das Araba-Tal tragen, und von dieser Insel aus wollte er dann abfahren, um das heutige Arabien zu erobern.

Verzeichnis der deutschen Namen

Die Nummern und Buchstaben dieses und des folgenden Verzeichnisses beziehen sich auf diejenigen neben den Abbildungen

Verzeichnis der lateinischen Namen

GESAMTVERZEICHNIS